精神科医が教える

老後の人生スッキリ整理術

保坂 隆

廣済堂出版

はじめに

「これから先を考えると不安で仕方がない」

「最近、何をやっても面白くなくて」

こんな悩みを持つ人がたくさんいます。ほとんどは、うつなどの心の病には至っていない程度なのですが、本人は深い悩みの中にあるのでしょう。そんな人に私は、次のようにお尋《たず》ねすることにしています。

「いらなくなったものはきちんと処分されていますか？」

「家の中はスッキリ片づいていますか？」

驚いたことに、たいていの人の答えは、「それがなかなか、できなくって」とか、「もう少しスッキリ暮らしたいと思ってはいるのですが……」など。身辺の整理についで尋ねるのは、言うまでもなく、それが心の状態を映し出すものだからです。

「服の乱れは心の乱れ」。校則の厳しい学校では、こう言って、ときどき着衣や持ち物の検査が行われたりします。同じように、「生活の乱れは心の乱れ」と言えるのです。

家の中がごちゃごちゃ収拾がつかない状態になっている人は、心が整っていないことも少なくありません。不安に揺れたり、さびしい日々を送ったりしています。不安が強い人は、「もう使うことはない」と思うものでも手放すことができず、どんどんため込むようになりがちです。気持ちの整理が下手な人はものの整理も下手で、せっかくとっておいても、いざ必要というときに、どこにしまったかわからなくなり、イライラと探しまわったり、ついには探し出すのをあきらめて、新しく買ってくる羽目《はめ》になったりします。それでいて、探し出せなかったことにけっこう傷つき、イライラをつのらせる結果になってしまいます。

「いらなくなったものは、きちんと処分されていますか？」

こう尋ねながら、私は、実はその人の精神状態をさりげなく診断しているのです。同じような話を、介護の手助けをする福祉関係の人からも聞いたことがあります。介護要請のあった家を訪問すると、素早く家の中に目を走らせるというのです。

目のつけどころは、いらないものがため込まれていないかどうか。足の踏み場所もないほど散らかっているのは言語道断《ごんごどうだん》。ある程度きちんと片づいているようでも、床にいろいろ積み上げてあるような場合は、収納しきれないほどものをため込んでいると推測でき、「要注意！」となるそうです。自己管理ができないことを暗示しているからです。つまり、いま現在家の中で介護がスムーズにいっていない可能性が高いと言えます。

ものを手放すこと、捨てることとは、それまでの自分の生き方を見直し、本当に必要なもの、大事なものだけを見きわめる、生き方の「棚おろし」とも言えるでしょう。

老いの日を目前に、これからあとは、本当に必要なものを中心に、スッキリ無駄のない暮らしに切り替えようと決意することは想像以上に大きな意味を持っているのです。「これからは、本当に自分らしい生き方を、好きなようにやっていこう」という決意を自分に刷り込むことだと言ってもよいくらいです。

スッキリ整理された家の中は、自分を大事にした暮らしを軌道《きどう》に乗せていることを物語っているのではないでしょうか。「福祉の人の眼《め》はまことに鋭い」と感嘆させられます。「モノ・コト・ヒト」をスッキリ整理して生きていくことは、総エネルギーが小さくなる老後を心地よく生きるために最も求められる知恵ではないでしょうか。

だれでも、若い頃に比べれば、気力・体力・財力すべてにおいて少しずつパワーダウンしてきます。これは、自然の摂理《せつり》です。それに合わせて、衣食住も、人間関係も、心構えも、少しずつでもいいのでスッキリ整理し、スリムにしていく。これが、「老い上手」の暮らしの第一歩だと言えるのではないでしょうか。

精神科の医師である私がこうした本を書くのはなぜなのか、その点について疑問に感じた人も、こうして、本意を知れば納得していただけると思います。

ものを整理し、心を整理すれば、老後に向かう心もスッキリと見通しがよくなります。不安や気持ちの混乱におちいることもなく、晴れやかに、老後を楽しんで生きられるようになると確信しています。

この本を読む前に、まず、テーブルの上をきれいに片づけましょう。そして、テーブルにはお気にいりの飲み物を入れたカップだけを登場させる。そんな環境で本書を読んでいただき、この本に込めた思いを感じていただけたらと願っています。

保坂　隆

目次

第2章 衣食住のサイズダウン

Ⅱ・衣のサイズダウン……63

Ⅲ・食のサイズダウン……79

第4章 楽しみも「中くらい」がいい加減……133

第5章　お金や資産の上手な使い方　169

第6章 人生の終章はスッキリと機嫌よく ………… 201

第1章

幸せな老後はスッキリした生活から

「老入《おいれ》」を楽しみにしていた江戸時代

欧米には「ハッピー・リタイアメント」という考え方があります。仕事を退《しりぞ》いたあとの人生を楽しみに、現役時代を働いていくというのです。

一方、日本では「老後」という言葉には、どうしても不安やさびしさの影がつきまといます。現在の経済不安が反映されている感じもしますが、多分に日本人特有の老いに対するネガティブな意識が関係しています。そう、思い込んでいる人も少なくないでしょう。

しかし、それは思い違いのようです。ハッピー・リタイアメントは欧米人だけのものではありませんでした。

江戸時代には、日本人も「老入《おいれ》」の日を楽しみに生きていたというのです。「老入」とは、家業を跡取りに任せ、引退生活に入ることを言います。老後は、自分が本来したいことをして悠々《ゆうゆう》とすごす。江戸時代の人は、現役時代はそんな日を心楽しみに一心に仕事に励《はげ》んでいたのです。

当時は、長男に生まれれば家業を継ぐのは当たり前。次男や三男に生まれれば養子の口を探さなければならなかったのです。現役時代は家業に専念することが宿命で、老入を迎えて、初めて好きなことができるようになりました。

伊能忠敬《いのうただたか》が歩測によって日本全図をつくるという大仕事を始めたのは引退後、つまり老後からでした。忠敬は下総《しもうさ》の国（現在の千葉県）佐原《さわら》村の酒造業などを営《いとな》む伊能家の養子になり、現役中は家業に専念しています。

また、井原西鶴《いはらさいかく》の場合、俳諧師《はいかいし》から作家に転じたのは人生もなかば過ぎから。代表作『日本永代蔵《えいたいぐら》』を刊行したのは47歳のときで、平均寿命が40歳に満たなかった当時としては、もはや晩年です。

庶民も、ほどほどの年齢になると家長の座を跡取りに譲り、引退しました。老入を迎える頃になると、まず行うのが引っ越しでした。裕福な人は本宅からほど近いところや本宅の敷地内などに隠居宅を建てて移り住み、そこまでできない人でも、邸内の奥まったあたりの隠居部屋に移るのが習わしでした。

隠居後の住まいはこぢんまりとした小宅が普通です。年をとったら、住まいの規模を小さくします。同時に身のまわりのものも整理して、スッキリ簡素な暮らしに移行していました。

生活のサイズダウンを行い、身のまわりに置くのは本当に好きなものに限定する。少ないものを愛《いと》おしんで暮らしながら、老後を心ゆくまで楽しんでいたのです。江戸の人は、簡素で小型にした暮らしこそ、老いの日の自分に合ったものだという分別を身につけていたと言えるでしょう。

仏教でも大事にしている「ものとの決別」

お釈迦《しゃか》さまでもキリストでも、人は何も身につけず、手にも何も持たずに生まれてきます。死ぬときも身ひとつです。

しばらく前に、人気者になった１００歳の双子のおばあちゃん、きんさん・ぎんさんは、「テレビ出演などのギャラはどうするんですか？」と聞かれて、「老後のために貯金しとる」と答えていました。しかし、あの世にお金は持っていけません。もちろん、宝石も着物もブランドのバッグも座右の書も、眼鏡《めがね》や入れ歯だって持っていけません。あの世には何も持ってはいけないのです。

だれもが裸で生まれて、裸でこの世を去っていきます。それがわかっていながら、生きているあいだに人はなんと多くのものを求めるのでしょうか。

「所有欲」とは、人が持つ最大の煩悩《ぼんのう》のひとつなのかもしれません。

ヨガでは、「断行《だんぎょう》」「捨行《しゃ》」「離行《り》」の3つの行をするそうです。話題の整理術「断捨離《だんしゃり》」はこの行を基《もと》にしたものです。

なぜ、「断行」「捨行」「離行」が大事なのかと言えば、こうした行を通して、人の心に深く根を張って、限りなく肥大化する欲望を抑える鍛錬になるからです。さらには、ものや人へのこだわり、執着から脱し、心を伸びやかに解き放つ鍛錬にもなります。

仏教でも、「行雲流水《こううんりゅうすい》」とばかりひょうひょうと各地を歩く禅僧の行脚《あんぎゃ》修行中は、背中に背負った小さな荷物が全財産です。中には食事のための木の椀《わん》などが入っているだけ。雨も風も笠《かさ》ひとつでしのぎます。

もちろん、私たちは禅僧ではないので、ここまで徹底する必要はありません。しかし、その姿勢を知り、そうした精神に込められた思想から学ぶべきものは少なくないはずです。

生きていくために本当に必要なものはあんがい多くありません。逆に言えば、これとこれがあれば十分に生きていけるという、本当に必要なものを見きわめれば、気持ちは相当、楽になるはずです。

日本経済の今後はかなり危ういと見る人が多くいます。しかし、こうした心境に至れば、とくに高齢者は、この先、細ってゆく年金で暮らしていかれるだろうかという不安に心揺れることはなくなるのではないでしょうか。少なくとも、不安をある程度は軽減できるのではないかと思います。

不安をなくすためには、求める気持ちを少なくすることがいちばんです。少ないもので満たされる心の習慣をつけると、いままで当たり前だと思っていたことも、ひたすらありがたく思えてきます。

当たり前のことをありがたく思えるようになれば、心安らぎ、満たされる生き方へ大きく前進できます。幸せかどうかを決めるのは手にしたものの量ではなく、何よりも心のありようなのです。

人生のなかばを過ぎたら、手にしたものを見直す

ヒンドゥー教では、人生を次の４つの時期に分け、それぞれの時期になすべきことがあると教えています。

１の「学生期《がくしょう》」は、人として身につけることを学ぶ時期。
２の「家住期《かじゅう》」は、家業にいそしみ、家族を養う時期。
３の「林住期《りんじゅう》」は、解脱《げだつ》に向け、質素で禁欲的な生活に入る時期。
４の「遊行期《ゆぎょう》」は、住まいを捨てて遍歴行者《へんれきぎょうじゃ》になり、解脱《げだつ》を目指す時期。

「林住期」「遊行期」とも、住まいやものを手放しながら、生にしがみつく気持ちを整理し、悩みからの解放を目指すのです。

若き日には贅沢三昧《ぜいたくざんまい》を味わうもよし、手にあふれるほどの金銀を持つもよし。しかし、人生を閉じる日までには欲から解放され、生まれた姿にできるだけ近づくように心がける。これが、ヒンドゥー教が求める人生の熟成です。

いまも階級制度が残るインドでは、マハラジャ（本来は大王、統治者のこと。のちに貴族の称号としても使われる）などの富裕層は、欲しいと思ったものは何であれ、即座に手に入るような人生を生きています。

富裕層の夫人や令嬢たちは首にも腕にも指にも重たいほどの宝飾品をつけ、羽《は》衣《ごろも》のようなシルクのサリーを毎日、着捨てるような暮らしをしています。昨今では、世界の一流ブランドの贅《ぜい》を尽くしたドレスや宝石を身にまとい、贅沢三昧をし尽くしているのかもしれません。

しかし、ある年代になると、アシュラムと呼ばれる修行所などに入り、自分の人生を飾ってきたこれらのものをひとつ、またひとつと手放す修行を始めるといいます。手放したものはたいてい、それまで世話をしてくれた召使いや貧しい人々に分け与えられます。

「ものを捨てることが修行のひとつだなんて！」と驚きますが、修行に挑むくらいの決意を持たないと、実際にはなかなか捨てられない。これが本当のところなのです。人間の所有欲は、これほどに強いものなのです。

だからこそ、老境に向かう頃になると、ものを手放す修行を始めます。こうした修行を通して欲から解放され、同時に憂《う》き世の悩みからも解放されます。その過程を身心に刻み込みながら、穏やかに澄んだ気持ちで人生を締めくくる境地に自分を導いていこうとするのでしょう。

この世の悩みをあの世に持ち越さない。その具体的な手段が、持っているものを手放す修行であることは、大きな諭《さと》しと言えるのではないでしょうか。

アメリカでは、生活オーガナイザーが整理をサポート

アメリカは、ものを大量に買い求め、大量に消費する国というイメージがあります。しかし、そんなアメリカ人もまた、年齢を重ねるにつれて、それまで買い

求めたものの洪水に悲鳴をあげるようになります。

アメリカ人はドライだから、いらないものはポンポンと片端から捨てていくのではないかと思っていたら、やはりそう簡単にはいかないようです。大塚敦子《あつこ》さん著の『モノとわかれる！ 生き方の整理整頓』（岩波書店）によると、アメリカには「生活オーガナイザー」という仕事があるそうです。

生活オーガナイザーとは、効率的な整理法を教え、実際にものを整理し、処分するのをサポートする人のことを言います。あふれるもので散らかった家の中を片づけ、スッキリと風通しのいい暮らしを再開できるまでの工程を手伝うのです。

しかし、単なる片づけ屋ではありません。半年とか1年という長い時間をかけて、ものがたまってしまった原因、なぜ整理できないのか、捨てることができないのかをクライアント（依頼主）と一緒に考え、心理カウンセラーのような役割もします。

こうしたことがビジネスになるところは、いかにもアメリカ的です。生活オーガナイザーが必要とされる根底には、ものが散らかり放題の生活は自分の内面が混乱しているからだ、という考え方がありますが、精神科医である私はこの考え方にまったく同感です。

心を病《や》んでいる、あるいは病んでいるのではないかと不安を持って精神科を訪れる人の中には、どう見ても洋服の組み合わせがチグハグだったり、必要以上にたくさんのものを持ってくる人が多いのです。その時々に合わせて必要なものを選び出すことがうまくできなくなってしまっていると言えます。

散らかり放題の家は、そうした気持ちの表れであることも少なくないのです。

いらないものを捨てなくなったら、孤立化の第一歩

家族や近隣の人々との絆《きずな》が限りなく薄いものになった「無縁社会」が進行した結果、だれにも看取《みと》られず、ひっそりと命を終える人が増えています。子どもがいても、独立したあとに「ひとり老後」を続けてきて、ある日ひとり静かに死んでいく場合もあります。

遺品整理業は、こうした形で死を迎えた人などの部屋の整理を引き受ける、無縁社会が生んだ新型ビジネスです。

「天国へのお引っ越し」というキャッチフレーズで、日本初の遺品整理業・キーパーズを始めた吉田太一《たいち》氏の著書『遺品整理屋は聞いた！　遺品が語る真実』（青春出版社）には、こう書かれています。

「孤独死の現場には、（中略）故障したまま放置していたらしき電化製品があまりにも多い」

家財道具も壊れたままになっていることが多いそうです。

吉田さんは、数多くの遺品整理の現場を見てきた経験から、次のように語っています。

「故障しても修理して大事に使うことができる人だったならば、人間関係も含めて、生活スタイルが違っていたと思います。そうであれば孤独死にも至っていなかったのではないか」

実は、引きこもりなど精神のバランスを失った人の部屋もほとんどの場合、雑然としています。特定のものだけが異常に多いなど、明らかにバランスを欠いているのです。

ふだん使っているものが壊れたら、修理するか新しく買って、壊れたものは自治体のゴミ出しの決まりに従ってきちんと処理する。そうした日常生活をきちんと管理できるかどうかは、精神の健全性を測るものさしのひとつになる、ということです。

ふだんの暮らしをこぎれいに整えられるなら、引きこもりや近隣の人との触れ合いも断《た》ってしまうような生き方にはならないでしょう。

身のまわりに、壊れたものがそのままになっていたら、要チェックです。「そのうちに修理しよう」とか「そのうち捨てよう」と思っている、というのは言い訳でしかありません。

床や家具の上などにホコリがたまっている。部屋中に洋服が脱ぎ散らかしてある。万年床で、トイレ、台所などが汚い。こうした兆候の裏側では、どこかに「もう、どうでもいい」という投げやりな気持ちが芽生えているのかもしれません。

身のまわりにあるものはひとつひとつ、どれも自分が気にいって手に入れたものだったはずです。また、汗水たらして働いて手に入れたものでもあります。たとえ壊れても、いらなくなっても、修理したり、決まりに従って処分したりするなど、きっちり終わりまで見届ける。そうした気持ちは、心の健全性にも結びつく、とても大切なものなのです。

買いすぎの心理には、さびしさや不安感が潜《ひそ》んでいる

現在のシニア世代は戦後の高度成長期とともに生きてきた世代にあたり、きわめて旺盛《おうせい》な購買意欲を持っています。家中ところ狭しともので埋《う》め尽くされているのは、盛んな購買意欲がもたらした当然の結果だと言われると、返す言葉はないはずです。

手元にある品がまだ十分使えるにもかかわらず、新製品や新モデルが発売されると、次々と積極的に購入する。見方によれば、日本の経済繁栄は、こうした旺

盛な消費によって牽引《けんいん》されてきたのだとも言えるのですが。

現在、シニア期に足を踏み入れた団塊世代の消費意欲は、いまも、その勢いを失っていないようです。

しかし、この世代は一方で、もの不足も経験してきています。精神形成が行われた子ども時代にはまだ日本は貧しさから抜け出していなかったのです。だから、ものを捨てることはなかなかできません。まだ使えるものを捨てることに対しては、「もったいない」とどこかに罪悪感が残っているのです。

つい買ってしまう。でも、捨てない。その結果が、ものに占拠されている団塊シニアの家の中の現状なのです。

老後を前に、家の中を整理しようと一念発起《いちねんほっき》する。結果的には、整理したというより、かなりのものを捨てて、ともかく、かなりスッキリさせた。そして、二度とものので埋め尽くさないように、以後は買い物を控えようと決心する。

しかし、半年か1年もすると、もとの木阿弥《もくあみ》になっていないでしょうか。はっと気がつくと、またまた、ものをどんどん買い込んではいませんか。

いくら自分に言い聞かせても、「買いたい症候群」が治らない人は、心の奥底にさびしさやそこはかとない不安感があることが多いようです。とくに、「ひとり老後」の場合は、買い物によって心を慰《なぐさ》めていることも少なくありません。衝動買いの最大の要因は、ストレスやさびしさなのです。

店ではどこでも、お客をやさしく温かく迎え入れてくれます。しかしそれは、お客を、というよりも、お客が差し出すお金に対して温かいのです。

こちらも長い人生経験を積んできているのです。そんなことはちゃんとわかっています。しかし、わかっていても、さびしい心は温かな言葉や笑顔が欲しくなってしまいます。

そうした心につけ込んで、目の玉が飛び出るような価格で健康によいという寝具や健康薬品などを売りつける悪徳商法もありますから、気をつけていただきたいと思います。

自分を守れるのは自分しかいません。十分、間に合っているはずの洋服や食器など、あるいは高額商品は、目に留《と》まっても、すぐには買わないようにしましょう。いったん引き返し、気持ちを落ち着かせるのです。

それでもまだ欲しいようなら、そこから前向きに検討したらいいのではないでしょうか。

これを習慣にすれば、不要な出費と、いらないものがたまっていくという２つの問題をクリアできるはずです。

日本人特有の美学だった「少欲知足《しょうよくちそく》」

時代劇を見ると、気持ちが清々《すがすが》しく洗われる気分になることがあります。

昔の暮らしは、なんとシンプルだったのでしょうか。上級武士の家でも、室内はほとんどものが置かれていません。客が来れば座布団を持ち出し、そこが客間になります。食事となれば箱膳が運ばれ、そこがダイニングルームになります。主人たちの居間にしても、部屋の隅《すみ》に違い棚があるくらいです。

ふだん使わないものは納戸《なんど》や押し入れに収納し、暮らしの場では必要最低限のものだけを使う。それでいて、床の間の掛け軸、飾り物など、ちょっとしたあしらいを変えるだけで、季節感や年中行事などを現代以上に楽しんでいました。精神生活は非常に豊かだったのです。

それに比べ、現代の暮らしは、その対極にあると言えないでしょうか。

住宅関係者に聞くと、マイホームを求めるとき、客がまずチェックするのは、収納スペースが十分あるかどうかだそうです。そうしたニーズにこたえ、最近では、マンションでも建売住宅でも、たっぷりの収納スペースを確保することを最優先するようになっています。

しかし、いくら収納スペースがあっても、入居後しばらくすると、あれほどたっぷり確保したはずの収納スペースでも足りなくなってきます。

現代人の暮らしでは、ものは際限なく増えていってしまうのです。

昔の日本人は「少欲知足《しょうよくちそく》」という考えを生き方の美学として身につけていました。欲をふくらませるのは卑《いや》しいことだと考える、そんな価値観さえ持っていました。現代人も、ものを増やし続けていくライフスタイルを根本的に見直す必要がありそうです。

「あれが足りない」「これがあれば便利かもしれない。すぐに買ってこよう」と思った場合は、出かける前にひと呼吸おく習慣を身につけましょう。お茶やコーヒーでも飲んで一服しているうちに、「手元にあるものをこう使えば、うまくいくんじゃないか」と知恵が湧《わ》いてくることも少なくありません。

「少欲知足」は、手元にあるものをとことん生かして使う、ものに対する愛情深い暮らし方にも通じているのです。

「あれはどこだっけ?」が少なくなる

年をとれば、だれでももの忘れしやすくなる。これは自然現象と言ってもよいものですから、認知症の始まりだなどと大騒ぎする必要はありません。しかし、しょっちゅう、口癖《くちぐせ》のように「あれはどこだっけ?」と連発したり、日に何度も探しものをするのは、ちょっといただけません。

もともと、人間はきわめて忘却能力にすぐれた生き物です。長いあいだ、記憶型の勉強に重きが置かれていたため、「頭がいい＝記憶力がいい」という思い込みがありますが、むしろこれは逆です。適度に忘れていかなければ、脳には新しい知識や思考が入り込むキャパシティ（容量）がなくなり、思考停止状態になりかねません。

人は忘れるために寝るといってもよいくらいで、忘れてもいい記憶は睡眠中に消去され、記憶すべきことだけが脳に整理されてストックされます。そもそも、そんな仕組みが備わっているのです。

そうはいっても、必要なことまでどんどん忘れるようでは困ってしまいます。しかし、あえて申し上げれば、「必要なものがすぐに見つからない」のは記憶力の問題というより、家の中がごちゃごちゃ散らかっているからではないでしょうか。

膨大な不要なものの中に必要なものが埋没《まいぼつ》してしまっている。そんな状態になっているのです。

必要なものだけを残し、スッキリ整理すれば、探しものは半減すると保証できます。そして、それ以上に暮らしは快適になるはずです。

老後とは、見方を変えれば、「持ち時間に限界が見えてくる時期」ということもできます。その限りある時間を探しもののために無駄に過ごすのではもったいないと言えます。そのうえ、探しものをしているとイライラがつのってきて、精神的にも大きなマイナスです。

以前にテレビで見たのですが、人気グラフィックデザイナー・佐藤可士和《かしわ》氏のデザインオフィスは、デスクの上に何ひとつ置かれていません。

一般に、グラフィックデザイナーとか編集者の仕事場と言えば、資料の山また山。仕事はその山を崩《くず》さないように注意しながら行っているという光景を思い浮かべるでしょう。ところが、佐藤氏は反対に、「よいひらめきは、整理された空間から生み出される」と言いきっています。

「整理とは、快適に生きるための本質的な方法論である。捨てる勇気が価値観を研ぎ澄まし、本当に大切なものを導き出す」

という佐藤氏の言葉が示唆《しさ》するものは大きいでしょう。

片づけの第一歩は、自分を見つめ直すこと

前に紹介した、アメリカの生活オーガナイザーがクライアントにまずやってもらうのは、「自分を見つめる作業」だそうです。具体的には、オーガナイザーがじっくりとクライアントの話に耳を傾けます。

生活オーガナイザーの仕事は、単にものを片づけることにとどまらず、その人の生き方の見直しをサポートするカウンセラーでもあるからです。

最初に聞くのは、「なぜ、大片づけを思い立ったのか」という点です。

これは、あなた自身についても言えます。なぜ、老後をキーワードにした整理術の本が目に留まったのか。まず、そこから自己分析を始めてみることをおすすめしたいと思います。

子どもが独立していったのに、子ども部屋はそのままで、ベッドも机もそのままになっている。クローゼットの奥に吊《つ》るしてある服は、おそらく二度と出番は

ないだろう。わかっているのに、なぜこれまで手をつけなかったのだろう？

そして、今回はなぜ、手をつけようと思ったのだろう？

本来なら、「子どもが独立するときに自分の部屋を整理し、空《から》にするところまでやらせるべきだった」と思ったときにはもう手遅れ。子どもはすでに仕事や子育てに追われていて、たまに実家に帰ってきても、部屋に入ることがあるかないか。

これまでは、そんな状態を見ても、とくに何も感じることはなかった。しかし、今回は、「この部屋で趣味の手織りをやろう」と思い立った。

整理を思い立った動機がこうした思いならば、これからは手織りを生きがいにしていこうと考えるようになった、そんな気持ちの変化がうかがわれます。気持ちのうえでも子離れができた証拠だと言えるかもしれません。

定年が間近に迫ってきた。子どもの頃は絵を描くことが大好きで、絵描きに憧《あこが》れたこともあったが、「絵で飯が食えるか」と親に反対され、平凡なサラリーマンになって、可もなく不可もなしの人生を送ってきた。

子どもも一人前に育てたし、定年時に退職金で住宅ローンの残金も清算できる。

ようやくここまでやってきた。定年後は美術大学に入り、油絵のテクニックを基礎から学びたい。その第一歩として、子ども部屋を自分のアトリエにリフォームしたい。

そんな動機ならば、サラリーマン人生にはピリオドを打って、好きだったことに邁進《まいしん》したいという気持ちが固まったのだとわかります。

こうした例が物語るように、「家の中を整理したい」と思いたった背景には、これからの人生をどう生きていくか、という価値観が息づいていることが多いのです。

ものを少なくすると、考え方もシンプルで素直になる

ものを整理すると、人の心はどのように変わるのでしょうか。身辺整理をして、スッキリした暮らしは、心にどのような影響を与えるのでしょうか。

余分なものはいっさいない。そうした世界観の極致は、茶の湯の世界に見出せます。

通常、茶室は湯を沸かす釜を据《す》える炉《ろ》が切ってあるだけ。釜も茶道具も必要に

応じて運び入れます。床の間に軸を掛け、その前に花が活《い》けてあります。茶花は、野に咲いているような素朴な花が一輪挿《さ》してある程度のことが多いようです。しかし、それだけで茶室の中は大らかな自然を写し取り、季節も、その席の意味合いも十分に表現しています。

茶室は簡素に徹することにより無限の広がりを手に入れた典型的な例と言えるでしょう。シンプルな空間は、人の気持ちをかえって伸びやかに解き放つのです。

反対に、ものがたくさんありすぎると、工夫したり、イマジネーションを羽ばたかせる力が狭められてしまいます。

けっして意地悪な姑《しゅうとめ》というわけではないのですが、知人は「息子のお嫁さんが料理するところを見ていると、つい口を出したくなって困るの」と笑っていました。

お嫁さんは、野菜を切ると言えば、引き出しから万能カッターを取り出し、切り方によって刃をいちいち取り替えて野菜を切ります。そして、カッターを洗って拭《ふ》いて、引き出しにしまうという手間をかけています。

一方、ベテラン主婦の姑のほうは、たいていの切り方は包丁一本でこなしてしまいます。切り終わったら、包丁をさっとすすいで終わりですから、ずっと手間いらず。一事が万事、この調子です。

若い家庭のキッチンには、まだまだいろいろなものがあります。リンゴの芯《しん》抜き、ゆで卵を花形に切る道具、野菜の水切り、一夜漬け用漬物器……。たしかにあれば便利だとは思いますが、いつも道具に頼っていると、道具がなければ何ひとつまともにできない人間になってしまいます。「道具に人間が使われる」のでは、本末転倒だと言いたくなります。

ものを少なくし、簡素な暮らしを取り戻すことは、人間が主役の暮らしを取り戻すことにも通じているのです。

また、「プロが切ったように美しくそろった出来ばえにはならないけれど、自分が切れる、この切り方でよしとしよう」というように、ありのままの自分を受け入れられるようになり、謙虚にもなってきます。

シンプルな暮らしは、心をやすらかにするためにも、とてもいいのです。

第2章

衣食住のサイズダウン

Ⅰ・住のサイズダウン

「住み替え」という潔《いさぎよ》い大整理

数年前、戦後を代表する女優のひとりである故・高峰秀子《たかみねひでこ》さんの老後生活を記した『高峰秀子の流儀』（斎藤明美著／新潮社）が刊行され、多くの読者を惹《ひ》きつけました。

高峰さんは、老いの気配を感じた頃に、それまでの住まいを小さな家に建て直し、ご主人とともにシンプルで気ままな日を楽しむことにされました。

建て直しの理由は、「仕事（女優）をやめれば、もう、大勢の客が訪れることもなくなり、部屋や什器《じゅうき》も多くはいらない。だから、大きな家は必要ない」と簡単明瞭。建て替えと同時に、夫婦がおたがいを大切に思いながら、それぞれ好きなことをしてすごす生活へと見事な転換を実現してしまいました。

私のまわりにも、老いの入り口で住居をサイズダウンした人は多くいます。知人の弁護士は50代のうちにそれまでの家を息子に譲り、郊外に小さな家を建てて移り住みました。

「広い家では掃除《そうじ》をする女房がかわいそうだ」とは泣かせるセリフではありませんか。ですが、これはあんがい本音なのです。住まいが広ければ、掃除や手入れの手間もコストもバカになりません。

子どもが独立し、夫婦２人の日々、あるいは「ひとり老後」になったら、家も新婚の頃に暮らした程度のスペースがあれば十分のはずです。

実利的なことを言えば、家が小さくなれば光熱費なども圧縮できます。年金のやりくりに不安があるなら、「住まいのサイズダウン」は真剣に考えるべき課題ではないでしょうか。老いの入り口から平均寿命まで、少なめに見積もっても20年はあります。人生の４分の１と考えると、ほどよく快適で経済効率のよい空間を確保する意味はかなり大きいのです。

老後は、ゆるやかではあれども、下り坂をたどる日々になります。大きな家は持て余すだけでしょうし、多くのものを所有し、管理する体力も気力もいつまでも続くわけではありません。

住まいをサイズダウンするという考え方の根底には、常に自分の力の範囲で、無理をせず、肩ひじを張らず、自然体で生きようとする潔さがあります。身のほどを知っている聡明《そうめい》さも感じられます。

老後に向けて、一戸建てからマンションへと住み替えることも、もっと積極的に考えてもいいと思います。鍵《かぎ》ひとつで安全に暮らせる住環境は思いのほか快適です。ゴミ出しも手間入らずですから。

庭のある暮らしは草花を咲かせるなどの楽しみも大きいものの、雑草を抜いたり、庭木の剪定《せんてい》をしたりと、それなりの手入れが必要になります。

老後の住まいをどうするかは、ぜひ配偶者とじっくりと話し合っておきましょう。老後は、これまで以上に夫婦が向き合う暮らしになります。どこにどう住むかを話し合いながら、2人の価値観を確認し合うことは、人生の終盤をともにどう生きるかを再確認することにもつながるはずです。

住まいのサイズダウンの効用

住み替えのもうひとつのメリットは、引っ越しの際に相当のものを処分せざるを得なくなることです。老後の入り口で引っ越しをすれば、家中のものを整理し、大片づけをするチャンスにもなります。

定年が近づき、社宅を退去した友人がいます。新しい家は収納スペースが造りつけになっていたので、長年、使っていた家具の多くを処分することになりました。その処分をしながら、奥さんがポツリと言ったそうです。

「私たち、ゼロからのスタートだったから、ひとつひとつ、あなたのお給料で買ってきたのよねぇ」

若い頃、限られた収入の中でやりくりしながら買い集めてきたものと別れるには、ひとしおの思いがあったことでしょう。ですが、結婚後間もない頃、赴任先の地方で偶然目に留《と》め、２人とも強く心惹《ひ》かれ、当時の家計からすれば大枚をはたいて買った古い船ダンスは、新しい住まいにも運ばれ、リビングに置かれるようになったといいます。こうした経験から、奥さんは「本当に心を惹かれたものを買えば、こうして一生、使えるのよね」としみじみと口にしたとか。引っ越しや大片づけは、ものとのつき合い方を見直す、絶好の機会にもなるようです。

大物家具は本当に必要なのか

シニア世代の家にはタンス、サイドボードなど「場所ふさぎ」な家具がけっこうあります。こうした大物家具は本当に必要でしょうか。家の広さにもよりますが、一般的に、家具や電化製品のスペースは全体の3分の1〜4分の1以下に抑えたいところです。

私のところにときどき顔を出すフリー編集者のNさんは、少し前まで、満足に寝る時間もとれなかったほど忙しく仕事をしてきました。最近、顔を見かけないなと思っていたのですが、先日ひょっこりと姿を現しました。聞けば、「一生、働きづめに働くだけではつまらないから」と少し仕事を控え、もう少し、精神的に余裕のある日々を送ろうと考えたのだそうです。

仕事を減らし、できた時間で始めたのが家の中の大片づけだったといいます。30代で離婚。2人の子どもを育てながら働いてきました。子どもはそれぞれ結婚して、いまはマンションにひとり住まい。十分スペースはあるはずなのに、どの部屋も物置き同然だったんですよ、と笑って話します。

大整理にあたり、まず、嫁入り道具だったタンス3点セットを処分することに取りかかりました。Nさんの時代は、結婚するときに、洋服ダンス・和ダンス・整理ダンスの3点に、ドレッサーや鏡台がついた婚礼セットなる家具一式を持参するものだったそうです。しかし、時代は移り、生活様式も大きく変わりました。マンションではクローゼットが普及した最近では、この婚礼セットは無用の長物ならぬ無用の大物になってしまったのです。Nさんの場合は、嫁入り道具を持たせてくれた親はすでにいません。そこで処分する決意ができたのだともいいます。

こうしてタンス3点を処分したところ、それまでタンスで占められていた和室が、新しい部屋としてよみがえったように感じられたそうです。

以前から興味があったNさんは、この和室でお茶を楽しみたいと思うようになり、近くの神社で開かれるボロ市で古びた茶釜を買ってきて、自己流ですが、お茶を点《た》てて楽しんでいるといいます。

独立したあとの子ども部屋を明け渡してもらう

「すでに独立した子どもの部屋が、そのままになっている」という人も少なくないと思います。Nさんも、「子ども部屋を明け渡してもらい、家全体を自分で使いこなそう」と考えました。そして、子どもたちに、半年と期限を区切って、「部屋を明け渡してほしい」と告げました。

子どもはそれぞれ部屋の整理に姿を現しましたが、「これとこれだけ残しておいて」といくつかのものを残し、あとはギターを持って帰ったぐらい。そこで、残していったものをまとめ、あとはきれいさっぱり処分してしまったそうです。

子ども部屋だった2つの部屋は、ひとつは自分の書斎に、もうひとつはゲストルームとして使うことにしました。ゲストルームと言っても、部屋の隅《すみ》に折りたたみ式の簡易ベッドと小さな収納ラックを置いてあるだけ。子ども一家など、大人数が泊まるときには、ふとんを敷き詰めればいいと割りきりました。

「本来なら、子どもが家を出ていくときに、こうすればよかったのだわ」とNさん。子どもの巣立ちを迎える人は、この言葉をじっくりかみしめてはいかがでしょうか。

大物家具を処分する方法は？

大物家具の整理について淡々と書いてきましたが、実は、タンスや応接セットなどの大型家具を処分することはそう簡単ではありません。

タンスなどは買ったときは相当高価だったとしても、いまも商品価値があるのは上質な総桐《そうぎり》や漆塗《うるしぬ》り、鎌倉彫りなど、いわば工芸品レベルのものだけと言っても過言ではないのです。骨董市《こっとういち》などにアンティーク家具として並んでいるのは、もともと素材も造りも吟味《ぎんみ》されたものという点が必須条件なのです。

まだ十分使えるものであれば、自治体などが運営するリサイクルセンターに持ち込むという方法もあります。リサイクルセンターは不用品を引き取り、汚れやキズなどを手入れしたあと、センターに展示し、低価格で販売しています。多少の収益金があれば、シルバー人材センターなどの運営費にあてられるようです。リサイクルセンターに引き取ってもらうなら「捨てる」わけではないし、処分コストもかかりません。市役所などに問い合わせてみるといいでしょう。

応接セットやソファなどで、汚れや傷が目立たないものならば、中古品買取業者が引き取ってくれる場合もあります。

粗大ゴミは運び出すのもひと苦労

もの余りの現代では、自分がいらないものは他人もいらないと考えているぐらいでちょうどいいのではないでしょうか。タンスはもとより、本棚や机などもらってくれる人はめったにいません。処分イコール廃棄と覚悟しておいたほうがいいでしょう。廃棄するには、粗大ゴミとして出すのが一般的ですが、実は、粗大ゴミに出すことも高齢者にはけっこう負担なのです。

粗大ゴミの引き取りは有料です。大きさにもよりますが、食器棚やタンス、げた箱で数百円から1500円程度。引き取り料はポイント換算され、ポイント数に相当するシールをコンビニなどで買ってきて、処分するものに貼って出すというシステムになっているところが多いようです。そこまではまあいいとして、この「出す」が大問題。門の外や町内の粗大ゴミ置き場まで、マンションならば、決められた粗大ゴミ置き場まで運び出さなければなりません。

夫婦で力を合わせるとしても、どちらももう若くはないのだから、無理は禁物。下手にがんばって、足腰を傷めでもしたら大変です。そうしたリスクを考えれば、人に依頼するほうが安全で確実だ、という発想も持つべきだと思います。

年だ、年だと過剰に意識し、萎縮《いしゅく》する必要はありませんが、年とともに必要以上に「がんばらない」ほうがよいこともあると認める柔軟さはぜひ身につけていきたいものです。がんばらない分はコストを支払って、自分でちゃんと解決する。こう割りきれることも、自立した老いへの準備のひとつなのです。

しかし、粗大ゴミの運び出しなど、どこに依頼すればいいのでしょう？

心配はご無用。高齢者世帯や「ひとり老後」が増えている現代事情を反映して、粗大ゴミの運び出しサービスを提供する業者がちゃんと存在しているのです。ネットや電話帳を見れば、「粗大ゴミの運び出し」を行っている業者はすぐに見つかります。ポストなどに入っている「便利屋」のチラシにも、粗大ゴミの運び出しが掲《かか》げられていることがあるし、シルバー人材センターでも行っているところが多いです。

人手を頼むときは気丈《きじょう》に、慎重に

「もとは高価だった家具なのだから、どこかで買い取ってもらえないだろうか？」と考える人もあるでしょう。しかし、そうした高齢者の足元を見て、法外な引き取り料金を請求する業者もあるので、世の中、油断もすきもないのです。

前出のNさんも、その被害にあったひとりというから驚きました。

「タンスなど不要な家具、有料で引き取ります」というチラシを見て連絡すると、すぐに業者がやってきました。ところが業者はタンスを見るなり、「これにはもう値段がつかない」と言い、「引き取ることはできるけれど、引き取り料金が発生します。和ダンスが3万円。整理ダンスと洋服ダンスの3点セットで計5万円。これでも大マケにマケて、ですよ」と言われたのだそうです。たしかに、チラシには「引き取り価格がつかない場合もあります」と断り書きが添えられていました。しかし、「引き取り料金が発生する場合もあります」とは書いていませんでした。ですから、Nさんは、「最悪でもタダで持っていってもらえる」と思い込んでいたそうです。

「有料なんですか。……で、おいくらぐらい？」と金額を聞いて、Nさんもさすがに「高いなあ」と感じたそうですが、業者を呼んでしまったのだから、手ぶらで帰ってもらうのは悪いと思ってしまいました。また、「ここで持っていってもらえばスッキリ片づく」という思いもありました。その2つが重なり、結果的には5万円支払って引き取ってもらったのだそうです。この業者を悪徳業者と決めつけていいかどうかはわかりませんが、粗大ゴミなら数千円程度で持っていってもらえるものを、５万円も徴収するのは法外ではないでしょうか。

こうした場合の対応の原則はひとつ。納得がいかなければ、はっきり「ＮＯ」と言うことです。連絡を受け、お客のところに来るのは業者の仕事のうちです。引き取りが成立するかどうかはそれからの問題。空手で帰ることも織り込みずみのはずなのです。「そう、そんなにかかるの。少し考えてみるわ。お願いする場合は、また連絡します」と言って、いったん帰ってもらえばいいのです。

あるいは、価格交渉をするのもいいでしょう。納得のいく金額まで引き下げれば「ＹＥＳ」。折り合わなければ商談不成立とし、別の業者に連絡してみればいい。今度は電話の段階で、こういうものを引き取ってもらえるだろうかと聞き、引き取り料金がかかると言われたら、いくらぐらいかを尋《たず》ねましょう。

あくまでも一般論ですが、ポスティングのチラシなどより、タウンページに掲載されている業者を選ぶほうが信頼できる確率は高いと思われます。タウンページ掲載業者は少なくとも、継続的に商売をしていると考えられるからです。

ネットで派手な情報提供をしている業者も一見、信頼性が高そうに見えます。ですが、サイトはいつでも閉鎖できることを心に留めておいてください。

また、業者を家に呼ぶときは、ひとりでないほうがいいです。女性や高齢者ひとりだと思って、足元を見てくる業者もあると聞きますので、できるだけ家族や友人と複数で対応するようにしましょう。

収納部屋のキャパシティは「腹七分」

子どもが独立し、使わなくなった部屋をまるまる収納専用室として使うというアイディアもおすすめです。少し前の日本の住宅には「納戸《なんど》」と呼ばれる収納専用部屋があり、ふだん使わないものはこの部屋に入れておきました。その分、いつも生活するスペースにはものが少なく、スッキリ、清々《すがすが》しく暮らせたのです。

収納専用部屋を設けたら、リビングなどは必要最小限度のものを置く程度にして、いつも片づいた空間で暮らす生活習慣を根づかせるようにしたいものです。

収納専用部屋の使い方にもコツがあります。この部屋の収納は70%程度、つまり、「腹七分」に止めること。30%の余裕分を一時片づけ場所として使えば、ふだん使う部屋はいっそうきれいに使えるからです。

収納部屋だからといって、満杯に詰め込んでしまうと、不思議に足が遠のいてしまい、この部屋にあるものは「デッドストック（死蔵品）」になってしまいます。さらに、空《あ》きスペースがあれば、窓を開《あ》けたり、掃除機をかけたりなどと出入りができます。その都度、しまってあるものにさりげなく目がいき、「そうだ、今度はあれを使おう」というように収納したものが暮らしに登場する機会が増えます。こうでなければ、「生きた収納」とは言えないはずです。

トランクルームを積極的に活用する

住まいをサイズダウンしたり、大整理したりしたものの、まだ、処分したくないものがかなり残っている。そんな場合にはトランクルーム（レンタルスペース）

の利用をおすすめします。

大学の教員などは、退官するときには山のような資料や書類を研究室から運び出すことになります。この資料の収納のために、自宅を増築したり、マンション住まいなら、もうひとつ部屋を求めて書庫にしたりするという人もあるくらいです。

最近は、トランクルームを利用する人も多くいます。トランクルームは温度や湿度管理が行き届いており、カビや虫の被害にあうことはめったにないようです。また、防犯対策もしっかりしているので、安全性も高い。

必要なもの（あらかじめナンバーをつけてある段ボール箱や、ゴルフバッグ、スキー板など）を指定すると、宅配便などで送り届けてくれるデリバリーサービスを提供している業者もあります。以前は、トランクルームに預けてしまうと結局は取りに行かず、デッドストックになってしまうことも少なくありませんでしたが、このサービスによってトランクルームは飛躍的に進化したと言えるでしょう。

ものに埋《う》まって暮らしているならば、トランクルームの利用を積極的に考えてみることをおすすめします。知人は、衣類からスノーボード、スキー用具などオフシーズンのものを預け、その分、自宅は伸びやかな空間を確保して快適に暮らしています。

手元にそろえておくか、レンタルを利用するか

もうひとつのレンタル活用術もあります。めったに使わないものはこの際、レンタル利用に切り替えるのも「整理術」のひとつと言えるかもしれません。

たとえば、海外旅行用の大きなカバンは場所を取るし、数年もたつと機能的にも見劣りしてくる。年1、2回出かける程度なら、そのたびに最新型のものをレンタルするほうが賢明だという考え方もあるでしょう。

法事のときだけに使う10枚、20枚といった客用座ぶとんもレンタルを考えてみましょう。収納してある場所から取り出し、使用後にカバー類を洗濯《せんたく》して、またしまう。年をとると、そうした作業もしだいにこたえるようになることも考えに入れておきたいものです。

シニア世代では、貸し衣装というと結婚式や喪服など冠婚葬祭に利用するものと思いがちですが、最近は、ちょっとしたおしゃれ着やハンドバッグ、アクセサリーまでレンタルでそろうようです。目いっぱいのおしゃれをする機会が少なくなったら、長年愛用の一張羅《いっちょうら》を着ていくよりも、レンタルで毎回違ったおしゃれをするのも楽しいと、発想を切り替えてみてはいかがでしょうか。

クリーニングをする手間やコスト、防虫やカビ対策を講じなくていいから、と最近では、すっかりレンタル派になってしまった知人もあるほどです。

車を手放す

警視庁のデータによれば、高齢ドライバーの事故件数は、この10年ほどで1・5倍に増えているそうです。

医師の立場から見ても、とっさの判断力や反射神経は、加齢にともなって徐々に低下していくことは認めざるを得ません。むろん個人差はありますが、見た目は若々しく元気でも、神経や身体機能などは年齢相応に低下していくものなのです。

警視庁は高齢者に自主的に運転免許を返納することをすすめており、返納者には、それまで安全運転に努めてきたことを証明する「運転経歴証明書」を発行しています。この証明書を提示すると、特定の小売店や飲食店で割引してもらうことができます。各自治体や企業も、高齢者の運転免許自主返納を推奨《すいしょう》しており、中には代わりの交通手段となるバスやタクシーの回数券の支給や、割引が受けられる自治体もあります（運転免許返納についての問い合わせは、警視庁、または道府県警の運転免許本部に）。

マイカーを保有していること自体、老後の暮らしでは経済的にも大きな負担になります。これも、高齢になったらマイカーを手放してはどうかとおすすめする理由のひとつです。

平均的なマイカー（200万円）を購入したとすると、60回払いのローンで支払うとして月々の返済金は3万5000円。駐車場を借りれば、月々1万円以上。車検や保険料、自動車税などに加えて、ガソリン代やメンテナンス費用、高速料金や外出先での駐車料金など、マイカー維持費は少なくとも年間80万円はかかるという試算があります。このお金でタクシーを利用すれば、片道１５００円程度の距離ならば、年間、往復で２７０回近く、タクシーに乗れます。タクシーならば、居眠りをしようが、少々アルコールを飲もうが、問題ありません。免許証を返納し、マイカーを手放すという選択を前向きに検討してみてはいかがでしょうか。

マイカーを手放すメリットはもうひとつあります。私の知り合いの場合は、マイカー時代はちょっと歩けばすむようなところも車で行っていたのに、車を手放してからは、「あのあたりまでなら、タクシーを使うなんてもったいない」と歩いていくようになったのです。結果的に、足腰の鍛錬の機会が増える。これはかなり得難いメリットではないでしょうか。

とはいえ、いつまでも現役でいたいという意識は相当強く、警視庁の意識調査では、高齢者の85％は「運転免許の返納を考えたことがない」と答え、運転技術も「低下していない」と自信を持っています。ところが周囲の目は別で、18％は、高齢家族に運転をやめてほしいと願っているなど、意識のギャップはかなり大きいのです。

居住環境によっては、車がないと日々の暮らしや病院通いなどにも不自由な場合もあるかもしれません。そうした事情から70歳を超えてもなお運転を続けたいと希望する人には、免許証の更新時に「高齢者講習」の受講が義務づけられています。さらに75歳以上になると、高齢者講習を受講する前に、記憶力や判断力を測定する講習予備検査を受けることが義務づけられています。

もし、「もう重たいものは持てないから」と、買い物に車が必要だと思い込んでいるなら、発想の転換をすれば解決策はいくらでもあることも知っておきましょう。

店によって異なりますが、5000円以上ぐらいの買い物をすると無料で配達をしてくれるスーパーは少なくないし、別途配達料を取るところでも300〜500円程度のことも多いのです。電話で注文すればいいところもあるし、お取り寄せを活用するのもいいでしょう。

買い物はストレス発散になるから、散歩感覚で歩いて往復し、買ったものは配達してもらう。こんなふうに頭を切り替えて暮らしていくのも、気軽で気ままが許される老後の特権ではないでしょうか。

Ⅱ・衣のサイズダウン

うんざりするほど服はあるのに「着るものがない」？

季節の変わり目になると、「ああ、洋服の入れ替えをしなければ」と大きくため息をつく人は多いのではないでしょうか。持ち物の中でも、衣類は最も「増殖」しやすいもの。とくに女性は、改めて整理してみると、手持ちの衣類だけで、「一生、着るものには困らない」という人も少なくないと思います。

それなのに、季節の変わり目やちょっとしたイベントなどがあると、女性はたいてい、「着ていくものがないわ」と言い出すのだから、世にも不思議だというほかはありません。

とまあ、これは半分冗談。ですが半分は、手持ちの衣類の全容をつかんでいないのではないかと本気で申し上げたいのです。

実際、衣類の整理を始めると、「あら、こんな服も持っていたんだわ」と自分でもすっかり忘れていた洋服が次々に出てきたりするものです。2〜3年に一度はクローゼットや洋服ダンスから押し入れまで、着るものの大整理を試みましょう。とくに、老後になったら、衣類の数もしだいに減らしていったほうが管理しやすくなるから、かえってラクになるはずです。

また、年齢を重ねてくるとライフスタイルも変わってきます。すると、必要とする服も変わってくるので、大整理をし、サイズダウンを図ると同時に、老後のライフスタイルに合わせた衣生活への方向転換も必要でしょう。仕事をやめれば、仕事着だったスーツやオーソドックスなコート類の出番は少なくなり、代わって、カジュアルな雰囲気のものが欲しくなります。

女性も、年齢とともに行動半径はしだいに狭くなってきます。同じおしゃべりやランチを楽しむにしても、電車に乗って街の中心部まで出かける機会はだんだん減り、近いところで楽しむことが増えます。そうなれば、いわゆるよそいきはだんだんいらなくなり、気軽に着ることができ、でも、おしゃれで気のきいたものが欲しくなるという具合になるのです。手持ちの衣類はたくさんあるのに、いざ、出かけようとすると「着るものがない」と感じるのは、手持ちの服と現在のライフスタイルがミスマッチなのかもしれません。

　そうした実態をつかむためにも、タイミングを見計らって、衣類の大整理を行うことをおすすめします。

衣類大整理の3つのプロセス

　前出の大塚敦子さんが出会ったアメリカの生活オーガナイザーは、衣類の大整理の第1段階で、まず、自分が持っている衣類の総量をしっかり把握させることを徹底するそうです。

　具体的には、クローゼットの中身を全部出し、目の前に広げてみる。クローゼットにおさまりきらず、衣装ケースなどに保管しているものがあるなら、それも全部出す。実は、ここまで洗いざらい引き出して、手持ちの衣類の総量を見ることはめったにないものです。積み上げてみると、我ながら呆《あき》れるほどたくさん持っていることにびっくりするはずです。その圧倒的な量を目にしっかりと焼きつけ、意識に深くインプットします。

第2段階は、自分の買い物傾向をあぶり出す作業です。具体的には、大ざっぱな分類を行います。ジャケットならジャケット、シャツならシャツ、セーターならセーターというように、衣類を種類ごとに分けていくのです。

すると、ほとんどの人が、似たようなもの、見た目がほとんど同じような服を何枚も持っていることに気づくはずです。

だれにも好き嫌いがあり、好きなものは目に留まるとつい買ってしまう傾向が顕著《けんちょ》にあります。ある男性の場合、レジメンタルと呼ばれる伝統的な縞《しま》柄のネクタイを見ると、3回に1回は買ってしまう。好きな色も決まっているから、手持ちのネクタイを見ると、同じようなネクタイばかりが何本も並ぶことになってしまいます。

知り合いの女性編集者は、クローゼットの大掃除をしたら、黒のプレーンなセーターやカットソーが十数枚出てきたと言って、笑っていました。

積み上げで総量をつかみ、分類することにより、いかに同じようなものを買っていたか、買い物のクセをつかむ。こうして、自分がいかに買いたいものに出会うと抑制がきかなくなるかと自己分析を行い、これから先は、何にどう気をつけて、ブレーキをかけていけばいいか、自らに言い聞かせていくのです。

最後の3つ目の工程では、ジャンル分けした衣類を、「これからも着るもの」「いらないもの（処分するもの）」に分けていきます。

ジャンル別分類をしないで、片端から、「最近、買ったばかり」とか、「好きなものだから」というような基準で仕分けをしていくと、ジャケットが多すぎ、そのわりにパンツ（ズボン）が少ないというようなアンバランスが生まれやすいのだそうです。ジャンル分けしてから、「必要なもの」「いらないもの」に分けていけば、アンバランスはかなりなくすことができ、「必要なもの」がバランスよく手元に残る可能性が高くなるのです。

仕分けのポイントは、「最後に着たのはいつか」をキーワードにすること。「そう言えば、2年以上、着ていないな」というものは、迷うことなく「いらない」

に振り分けていいと思います。

好きなものだが、サイズが合わなくなってしまった。でも、やせれば着られるかもしれないという場合は、私なら「いらない」のほうに入れます。もちろん、これはダイエットに自信があるかどうかにもよります。でも、去年もそう思っていたなあというようなものは「いらない」行き。1年がかりでそう思っているのに、サイズが元に戻らないなら、見切り時ではないでしょうか。

「必要だ」と見なされたものは、この段階でクローゼットやタンスにおさめていきます。このとき、「あら、まだ、余裕がある」という場合も、いったん、「いらない」と分類した衣類の山から、「それなら、これもとっておこうか」と、敗者復活はしないほうがいい。余裕は余裕のままでキープしておくべきです。

実は、たいていの場合、クローゼットも詰め込みすぎであることが少なくないのです。クローゼットから取り出したとき、シワになっていて、そのますぐに着られないということはないでしょうか。このシワは、言わば、「押し込みジワ」とでも言うべきもので、衣類が多すぎる結果なのです。

ハンガーを楽に動かすことができ、取り出してすぐに着られる状態で収納したいなら、クローゼットに収納する衣類も「腹八分目」を心がけましょう。

クローゼットの話が出たついでに触れれば、ウォークインクローゼットであるはずなのに、足元にも衣類やバッグの箱を積み上げたり、靴の箱が山積みになっていたりしないでしょうか。

家の広さや構造にもよるから一概《いちがい》には言えませんが、その後、多少増えることも考えに入れると、洋服をかける部分が腹八分、クローゼットの足元がちゃんと歩けるほどあいているのがいい。つまり、ウォークインできるかどうかを、手持ち衣類・靴・バッグなどの適正量の目安にするといいと思います。

処分する場合は、「執行猶予」期間を設ける

正直に申し上げると、私はけっして整理の達人ではないので、この原稿を書くにあたって、何冊かの整理の本を読み、人にもそれとなく話を持ちかけ、私なり

に整理のコツを研究しました。整理のコツはどの説でもだいたい共通していますが、不用品の処分については、大きく2説に分かれるようです。

一気呵成《いっきかせい》にすぐに処分したほうが思いきりよく片づけられるという説と、すぐに処分するものとしばらく執行猶予期間を設けるものとに分け、後者のほうは1年後ぐらいに再整理したほうがいいという説です。

私は、後者の説を取りたいと思っています。よく、「ああ、あれ、捨てちゃったな。この服によく合ったのに……」などと後悔することがあるからです。

私自身の体験からも、一気呵成に整理・処分を進めると、しまいには疲れてきたり、逆にハイテンションになったりして、「これもいらない。あれもいらない」と勢いよく処分してしまい、あとになって、「あの書類はとっておくべきだったなあ」と思うことがよくあるのです。前項で、「いらない」と分類したものの敗者復活は行わないほうがよいと書きましたが、その背景には、私がおすすめする整理法は、「いらない」ものをさらに仕分けするという、次のステップがあるからなのです。

次のステップとは「いらない」ものを、さらに「保留（執行猶予）」「再利用する（だれかにあげる・リサイクルするなど）」「処分する」の３つに分類すること。「保留」は専用の衣装ケース１コなどと制限枠を設け、その枠を超えてまでは「保留」を増やさないようにしましょう。

あげる場合は、「着ていただく」という感覚で

衣類では、気にいっていたが派手に感じ出した、サイズが違ってきたなどの理由で、「自分はもう着ないけれど、捨てるにはしのびない。だれかが着てくれれば」というものが出てきます。ただし、あげるといっても、もの余りの時代。あげる対象は、姉妹や親しい友人などで、前々からそれを欲しがっていたとか、「いいわね、それ。私、欲しいわ」と言っていた人に限定したほうがいいでしょう。「いいわね。欲しいわ」と言っていた人には、「いま、クローゼットの整理中なの。いつか、もらってくださると言っていたあのセーター、もし、いまもお気持ちが変わらなければ、もらっていただける？　そうしていただければ、私はとてもあ

りがたいのだけど……」などと丁重《ていちょう》に声をかけてみましょう。

もらってもらう場合は、間違っても「あげる」と思ってはいけません。「着ていただくのだ」と考えること。気にいっていた服が生かされると思えば、どこか気持ちがほっとします。実際、着てもらえることはありがたいという気持ちになるものです。

言うまでもなく、必ずクリーニングをすませ、こちらが送料を負担して送り届けることも大事な配慮です。取りに来てもらえば、手土産《てみやげ》などよけいな負担をかけることになりかねません。

有名ブランドのものや、購入して時間があまりたっていないもの、使用感があまりないものなら、リサイクルショップに買い取ってもらうという方法も考えられます。発展途上国などで役立ててもらえれば、と考える人もいるかもしれませんが、最近は途上国でも衣類のニーズは高くないようです。認定NPO法人「WE21ジャパン」のように、寄贈された衣類を販売し、その収益金をアジアの女性の自立支援のために運用している組織もあります。

中古家電から衣類までをリサイクルショップで販売。その収益金を同じく途上国支援に役立てている日本リユースシステム「ワンコイン・エコ」では、不要になった衣類の処分を依頼する場合は、依頼者のほうが衣類・雑貨などを提供するとともに、その名が示すようにワンコイン（５００円）支払って引き取ってもらうシステムになっています。興味がある人は、ホームページを見てください。

マンション内での交換会

Tさんが住むマンションは都心から近いこともあり、Tさんと同じようなシングルのキャリア女性が多く住んでいます。その中のひとりが定年を迎えて家の大整理をし、「いらない衣類がいっぱい出たのよ」と言い出したことをきっかけに、マンション内で「いらないもの」の交換会を開くことになったそうです。

全30戸ほどの小規模マンションであったことが幸いし、大規模修繕工事をきっかけに、住人そろってバーベキューを楽しんだり、顔なじみが集まれば「飲み会→カラオケコース」をたどることもしょっちゅう、という人間関係が出来上がっています。「いらないもの」交流会も大いに盛り上がり、その日も「飲み会→カラオケコース」になったと言って笑っていました。

ここの交換会のルールは、原則としてお金のやりとりはなし。交渉がまとまれば、ものとものを交換することになっています。余るものも出ますが、人が集まれば情報も集まるもの。ある人が、「孫が通う保育園で近くバザーがあるので、そこに寄付してはどうか」と言い出し、「いらないもの」はすべて有効に生かされたそうです。

交換会は、不用品を再活用できるだけでなく、ふだん、自分ではなかなか買わないようなテイストのものにも手を出すというおしゃれの冒険が気軽にできます。これが交換会の最大のメリットだそうです。このマンションでは交換会の成功にすっかり味をしめ、これからも年に1回程度、開こうという話に発展したのだとか。

近所の知り合いなど、親しい仲間づき合いをしているメンバーがあるなら、「交換会をしてみない?」と持ちかけてみてはいかがでしょうか。あんがい、みんな大乗り気になるかもしれません。

小物やスカーフ使いでおしゃれを楽しむ

こうして手持ちの洋服の数を絞《しぼ》り込んだからといって、おしゃれをしなくていいというわけではないので、誤解しないでください。おしゃれは精神にいきいきとした活力を与えてくれる、パワーの源《みなもと》です。高齢になっても、心身ともに元気な人はほぼ例外なくおしゃれを上手に楽しんでいます。限られた数の服でもおしゃれを目いっぱい楽しむコツは小物類の使い方。若い頃から、おしゃれ上手で通っていた女性からこっそり聞いた、老後の着こなし術のコツをご披露しましょう。

若い頃は彼女も次から次へと洋服を買って、山のような服と格闘しながら暮らしていたそうですが、ある日、一念発起して身辺整理を断行しました。現在、持っている洋服の数は大きなスーツケースにおさまってしまう程度しかないとか。どの服もごくスタンダードなデザインで、一生着ようと思って、思いきってオーダーメイドにし、体にしっくり合うように仕立ててもらったものだといいます。

これだけの服しかないのに、彼女はいまも、「いつもおしゃれな着こなしを楽しんでいる人」という印象が強い。でも、着ていく服は実はだいたい同じ。その代わり、外出先の場所や雰囲気に合わせてアクセサリーやスカーフ、ストールで変化をつけているのだそうです。そのスカーフも、若い頃海外旅行に行ったときなどに、免税店で衝動《しょうどう》買いしたまま眠っていたものがほとんどだといいます。

ときどき、流行のものを取り入れて楽しむこともあるものの、新しく買うのは、若い世代をターゲットにしたファストファッションと呼ばれる超低価格な洋服ばかり。ファストファッション店を気軽に利用する。そんな若い気持ちをキープしていることこそ、おしゃれ上手の最大のコツなのかもしれません。

衝動買いから計画買いへ

ブティックで働く知り合いに聞いた話ですが、「何か、お探しですか?」と声をかけたとき、「いいえ、別に。何かいいものがあれば、と思っているんですよ」と答えるお客は、「チャンス！」と思うのだとか。一方、「ライトブラウンの軽いジャケットで、ちょっと遊びのあるデザインのものを探しているんですよ」というように、具体的に欲しい服のイメージを口にするお客は「手ごわい」と感じるそうです。とくにこれといって欲しいものがあるわけではない。でも、売り場を見て歩いている……。こうしたお客は衝動買いのハードルが低く、ちょっとセールストークをすればだいたい「お買い上げ！」となる、と笑って話してくれました。

せっかく手持ちの服を整理したのだから、その後は、以前とは買い物の仕方を改め、無秩序な増殖にはストップをかけるようにしたいもの。そのためには、「計画買い」の習慣をつけるといいでしょう。季節が変わる少し前に手持ちの服を見わたし、「今年の夏は白のスカートと黒っぽいカットソーを買おう」というように、買いたいものを決めるのです。手帳やクローゼットの扉の内側などにメモしておけば、何回も確認することになるので、衝動買いはかなり抑えられるはずです。

手持ちの服のメーカーやブランドをそろえると、色調やデザインの基本のテイストが同じなので組み合わせたとき調和しやすく、着こなしやすいとも聞きます。

もちろん、紳士ものについても通じる、買い物上手の秘訣《ひけつ》でしょう。

前にも述べましたが、衝動買いの心理の底には、さびしさやストレスなど精神的な不安定さがにじんでいることが多いのです。それを自覚しているHさんは、衝動買いしたくなると、「取り置きはお願いできますか？」と言って、その日は買わずに帰ります。ひと晩、冷却期間をおいても、買ってもいいかなと思うものであれば「買い！」となり、「そこまで欲しくはないか」という思いのほうが強くなってしまった場合は電話をかけ、「ごめんなさい。昨日の○○はキャンセルしてください。また、寄らせていただきますね」などと断ってしまいます。店に行けば、再び欲しくなったり、店員さんに説得されてしまうかもしれないからです。

「それでは、お店に悪いような気がする」と言う人は、いいなと思う服に出会っても、その場ですぐには買わない。別の買い物をしたり、お茶を飲んだりして、しばらくたってから再び売り場に足を運び、それでも「いいなあ」と思ったら買う、という程度でもいいから、ちょっと頭を冷やす時間を設けるといいでしょう。

そのあいだに売れてしまったら、「縁《えん》がなかったのだ」と考えるのです。

Ⅲ・食のサイズダウン

老後こそ必要な体重チェック

体重は油断するとすぐに増えてしまうものですが、いざ落とそうとすると、相当の努力が必要になる厄介《やっかい》なもの。体重が増えると心臓疾患《しっかん》や高血圧、糖尿病などの生活習慣病のリスクも大きくなってしまいます。とくに中高年になってから急に太ると、リスクはいっそう高くなります。老後こそ、毎日、体重管理に努めることが大切なのです。追い打ちをかけるようですが、年とともに代謝機能が衰えるので、ますます体重は減りにくくなってきます。

ところが、家にいることが増えると、つい、何か口に入れる機会が増えてしまうのです。現役時代は時間がないと立ち食いそばですませることが多かった昼食。妻は妻で、あり合わせとお茶づけを流し込む程度だった昼食が、夫婦２人でしっかり食べるようになり、さらにおやつまで口にしたりします。そして、久しぶりに体重計に乗って、唖然《あぜん》、呆然《ぼうぜん》としてしまうというのは、よくある光景ではないでしょうか。こんな事態を防ぐためにも、毎日、体重を測り、記録する習慣をつけておきたいものです。

言うまでもありませんが、ダイエットをしているわけではないのに、体重が減ってしまう場合も要注意。健康の黄色信号であることが多々あります。

いずれにしても、毎日の体重チェックは健康管理の第一歩。明日からと言わず、さっそく今日から実行してください。

体重計は50グラム、または100グラム単位で測れるデジタル式のものを用意し、測った結果は、ノートかパソコンなどに必ず、記録しておきましょう。

私は、グラフ用紙か方眼紙《ほうがんし》を使い、目盛を大きく取った折れ線グラフにすることをおすすめしています。目盛を大きく取るのは、わずかな増減でも大きな振れ幅のグラフになるからです。人はあんがい単純で、見た目、大きく増えれば「大変だ、がんばらなきゃ」と発奮するし、大きく減れば、「よし、この調子だ」とダイエットにいっそう励《はげ》みが出ます。そんな心理も上手に使って、適正体重をちゃんと維持するようにがんばっていただきたいと思います。

腹八分から腹七分、腹六分へ

昔から、健康の秘訣は「腹八分」を保つことだと言われています。

「私はずっと腹八分を守っていますよ」と自慢げに言う人がいますが、実は、年齢を重ねてくると、「腹八分」でも食べすぎになってくるのです。

１日の消費エネルギーは、基礎代謝が約70％、生活活動代謝量が約20％、残りの約10％は、ＤＩＴ（食事誘導性体熱産生＝かむ・消化・吸収などにともなう消費エネルギー）という構成になっています。基礎代謝とは、心臓など内臓を動かしたり、体温を保ったりなど、生命活動を維持するために必要なエネルギーのことです。

基礎代謝は男性は15～17歳ぐらい、女性は12～14歳ぐらいをピークにどんどん低下していきます。そのことは広く知られていますが、低下カーブは想像以上に急で、基礎代謝は驚くほど下がっていくのです。そのカーブをたどると、60歳代に入ると、男性は10歳当時、女性は8～9歳当時の基礎代謝とほぼ同じになるのだから、驚いてしまいます。

「その頃はもう、大人の1人前をペロリと平らげていたわ」という人も多いかもしれませんが、その年代は成長期で、体が成長するためのエネルギーも必要でした。運動量も全然違います。それらも差し引くと、60歳代になったら、小学校低学年生程度の食事量で十分と言えるのです。そう考えてくると、若い頃からの「腹八分」では明らかにカロリーオーバーだとおわかりのはず。60代に入ったら腹七分、75歳以上では腹六分ぐらいがほどよい目安でしょう。

レストランなどの1人前という分量は、若い男性が食べても満腹感が得られるボリュームになっていることが多く、高齢者は持て余すくらいです。そんな場合は、次のようにしてみてはいかがでしょうか。

先日、うなぎ屋に入ったら、60代後半～70代くらいの2人連れの女性が、「ごめんなさい。もう、そんなにたくさんいただけないので、うな重の特上1人前いただきたいの。お茶碗《ちゃわん》をもうひとつ、お願いね。あと、茶碗蒸し2つとキモ焼きを2人前」

と注文しているのを見かけました。この人たちのように、なるほど、「2人で1人前」注文すればいいのだと大きくうなずいてしまったのです。

その場合は、ほかにも何か注文し、お店への配慮を示すようにしたいですね。

1日3食、食べなくてもいい

休日など、朝食を食べて、ほどなくすると、「もう昼時か」と思うことがあります。休日なのだから当然ですが、平日ほど体を動かしていないので、それなりの時間が経過しても、おなかはそう減らないのです。

でも、習慣になっているせいか、昼時だと思うと、昼食を食べようという気持ちになります。実は、夕食時にも同じような思いを持つことがあるのです。定年後、家ですごすようになると、毎日のように、こうした思いをするようになるのかもしれません。

健康を保つためには、よく、「1日3食、ちゃんと食べること」が大事だと言われています。そのため、つい、朝・昼・夕の3食をしっかり食べようと思い込んでしまいますが、年をとると、3食は多すぎるかもしれません。少なくとも、朝と夕食はごく軽めにすることをおすすめしたいと思います。

人類の歴史をたどっても、1日3食が普及したのはそう古いことではありません。国立民族学博物館名誉教授の石毛直道《いしげなおみち》氏の説によれば、ヨーロッパでも17～18世紀までは1日2食が正式な食事とされていた地方が多かったそうです。日本でも1日3食が普及したのは江戸時代から。その頃から照明が普及し、夜の生活時間が長くなったからということに加えて、長時間働くようになったことがその原因だといいます。年を重ね、基礎代謝も低下してきたら、1日3食食べなければならないという思い込みから卒業し、自分の体調や生活リズムに合わせて食べればよいのではないでしょうか。

たとえば、朝は野菜ジュースとヨーグルト。昼はたっぷり食べ、夕食は雑炊《ぞうすい》程度という食生活を送っている知人がいますが、これでとくに空腹を感じることはないといいます。それどころか、「朝と夜を軽くした分、昼は好きなものを好きなように食べられる」と、かえって食べることを楽しんでいるようです。健啖家《けんたんか》の彼は、時には昼に分厚いステーキをほおばることとさえあるとか。でも、朝夕を軽くしているので、それが負担になることもありません。

長年、自分自身とつき合ってきているのだから、自分のおなかの調子は自分がいちばんよくわかっているはずです。「１日３食」という縛《しば》りをはずし、１日２食でも、１日１食＋αでも、自分にいちばん合ったペースで食事を楽しむようにするのも、ひとつの考え方ではないでしょうか。

買い物は、毎日は行かない

食べすぎになってしまうもうひとつの原因に「買いすぎ」があります。時間があると、別に必要なものがあるわけではなくても、「ちょっと買い物にでも行ってこようかな」と思ったり、長年の習慣が抜けきれず、毎日、買い物に行かないとなんとなく落ち着かなくなったりしてしまうという人も少なくないようです。

「今日は豚肉があるから、しょうが焼きにでもして、野菜室にある春菊《しゅんぎく》のごま和《あ》えでもつくればいい」。そう思っていたのに、買い物に出かけ、おさしみがおいしそうだったりすると、思わず買ってしまう。その結果、肉は翌日回しになる。翌日もまた似たようなことを繰り返し、肉もそろそろ食べないとあやしくなるから、とその日は肉も焼くことになる。あるいは、肉を使いそびれ、気がついたら捨てる羽目《はめ》になっていたということもあるかもしれません。

スーパーマーケットは言うまでもなく、魚屋も肉屋も売るプロなので、つい欲しくなるような陳列をしてあるばかりか、「奥さん、今日の○○は最高だよ。こんな上モノはめったに手に入らないよ」などと買い気をそそる声までかけてきます。あるいはその日の「特売」「目玉商品」というものが、いつ行っても何かしらあります。

こうして、予定以上にものを買い込んでしまい、家計も体もダイエットがうまくいかない。そんな経験はないでしょうか。

食べ物をムダにするのは、エコの精神にも反することです。「私はしっかりメモをして行き、必要なもの以外は買わないわ」と固い意志の持ち主であればともかく、たいていの人は買い物に行けば、つい、予定外のものまで買いがちです。そうしたことをセーブしたいなら、買い物に行く回数を減らす。これがいちばんの方法というわけです。

1日おき、または週に2回などと自分の暮らし方に合わせた買い物サイクルをつくるとよいでしょう。あいだの日は、「あ、アレが足りない」ということがあっても、ベテラン主婦の腕と知恵で、あり合わせで間に合わせる工夫をしてみてください。

上質のものを必要な量だけ買う

「特売だったから」「オマケしてくれたから」「店員さんの感じがよかったから」。そんな理由で、必要以上に食べ物を買い込んでいないでしょうか。結局は使いきれず、捨てる羽目になってしまったり、捨てないまでも、鮮度が落ちてしまったものを食べたりということはあんがい多いように思われます。

年をとって家族数が減ってきたら、量を減らし、その代わりに質を上げる。とくに食料品は、こうした買い方にシフトすることをおすすめします。

この年まで一生懸命仕事をして生きてきたのです。自分の財布が許す限りという条件付きですが、買うときは上質なものを、必要な量だけ買うようにしましょう。

ある知り合いは、銀座の老舗《しにせ》デパートを通りかかる機会があると、決まって地下の売り場に立ち寄り、ある名店の魚の粕《かす》漬けを1枚求めます。1枚で1000円近い高級品で、これを妻と半分ずつ食べるのです。

ケチでそうしているわけではなく、大ぶりの切り身を1人1枚では持て余すようになってきたから。この知り合いにとっては、2人で1枚が適量なのです。だから1枚買うだけの話。ステーキ肉を買うときも、うなぎのかば焼きなどを買うときも、2人分で1枚。その代わり、できる範囲で最高級のものを求めているそうです。

「1つだけ買うのは体裁《ていさい》が悪い」とか、「店に気の毒だ」と思う人もいるようですが、何も半切れ欲しいというわけではないのですから、堂々と「1枚ください」

と言えばいいのです。

その知り合いは「お手数をかけて悪いが、１枚いただけますか」と、ていねいに話しかけるようにしているといいます。こう言うと、「１枚からお売りしておりますので、もちろん１枚でも大歓迎ですよ」と笑顔が返ってくるそうです。

相手に心地よく思ってもらえれば、こちらも心地よくなる。ていねいな話し方は相手のためのように見えて、実は自分のためでもあると気づかされます。

「１つください」の買い物に必要なのは、そう言い出す勇気ではなく、相手への気づかいを感じさせるひと言を付け加える配慮なのです。

冷凍のコツを覚える

つい余分に買ってきてしまったり、つくりすぎたりしたものは、冷凍しておけば、必要なときに必要な量だけ使うことができます。最近は家庭用の冷凍冷蔵庫の性能が非常によくなり、ほとんどのものは冷凍保存が可能です。上手に冷凍すれば、いつでもおいしく食べられます。

煮物などは少しだけつくるのは億劫《おっくう》だし、なぜか、ある程度の量をつくったほうがおいしくできます。一度に4人分ぐらいつくり、小分けにして冷凍しておき、何回かに分けて食べるようにすればよいのです。こうすれば、食卓に並ぶ品数を増やせるし、食事の楽しみが増すだけでなく、栄養バランスも整えやすくなります。

ひとり暮らし歴30年以上のSさんはそろそろアラセブ（70歳前後）。ボランティア活動などに忙しい毎日を送っていますが、大の料理好きで、週末には、ひじきの煮物、切り干し大根、おからの煮物などの常備菜をつくっています。

出来上がると、その日に食べる分だけ小鉢に移し、あとは1回分ずつに分け、ジップ付きのポリ袋に入れます。さらにそれを大きめのポリ袋に入れ、料理名、つくった日付けを書いた紙も入れて、冷凍庫へ。

◆1回に食べる、使う分量ずつに分けてジップ付きポリ袋、もしくはラップに包む。

◆同じものはひとまとめにして大きめのポリ袋などに入れる。

◆冷凍した日付けをサインペンなどではっきり書いておく。

この3つが上手な冷凍のコツだそうです。

さらに、ときどき、冷凍庫をチェックして、最大でも2週間から1か月ほどで食べきること。これも大事なコツだといいます。

業務用の冷凍庫はマイナス数十度で一気に瞬間冷凍しますが、家庭用冷凍庫ではそこまで低温にはなりません。そのうえ、扉の開閉も頻繁《ひんぱん》なので低温をキープしにくく、日がたつにつれて、冷凍後のクオリティは下がってしまうのです。

Sさんはカレーやシチュー、トマトソースやミートソースなども同様に一度に多めにつくり、1食分ずつに分けて、冷凍しています。

ご飯も同じ。一度に3合ぐらい炊《た》き、茶碗1杯分ぐらいずつ、ラップに包んで冷凍してあります。これを電子レンジでチンすると、炊飯器《すいはんき》で保温するよりもおいしいくらいだとか。茶碗1杯分ぐらいずつ冷凍しておけば、その日のおなかの空《す》き具合によって適量だけ解凍でき、食べすぎを抑えられるというメリットもあります。

肉や魚、野菜など、食材を冷凍するときは？

肉は1回に使う分量を目安に小分けにして冷凍しておくこと。薄切り肉はラップに広げ、空気が入らないようにぴっちり包んで冷凍します。ラップに広げるときに少しあいだをあけて1枚ずつ並べておけば、必要な枚数だけ切り離して使えばいいので、解凍しすぎを防げます。ひき肉はラップに平たく伸ばし、適当に包丁目を入れておくと、同じく、必要な量だけカットして解凍すればよく、ムダが出ません。

魚の切り身はキッチンペーパーなどで水気をしっかり切り、トレーに並べて冷凍します。下味をつけて冷凍しておくと、よりおいしく食べられるようです。

アサリやシジミもしっかり砂を吐かせ、よく洗ってから、1回の使用量に分けて冷凍しておくと、ふと「アサリのみそ汁が食べたい」と思い立ったときなどに重宝します。

野菜は冷凍できない、あるいは冷凍すると食感が落ちると思い込んでいる人が多いようですが、ゆでたり、薄切りにしたりすれば冷凍可能なものも少なくありません。タマネギは薄切りにして冷凍するか、よく炒《いた》めて冷凍しておくと、下ごしらえの工程を省けるので、忙しい人にはおすすめです。

大根おろしは時間があるときに多めにつくり、1回分ずつ分けて、ラップに包んだものを密閉容器、またはジップ付きポリ袋に入れて冷凍しておきます。おろしショウガも同様。ネギ、ミョウガなど薬味にするものは小口切りなどにして、これも1回分ずつ冷凍しておきます。

こうしておけば、必要なときに必要量だけ使え、本当に重宝します。料理にとりかかったら、最初に大根おろしや薬味の冷凍を取り出し、それから料理を進めていきます。

すると、料理が出来上がる頃には冷凍の薬味も解凍できています。こうした冷凍のちょっとしたワザを覚えておくと、いつでも、風味豊かに食事を楽しむことができるようになります。

野菜の切れはしなどの生かし方

少人数分の料理をつくっていると、どうしても、ニンジン半分とか、タマネギ4分の1というような食品の「はぎれ」が出てきます。ヌカみそをつくっている人ならば、これらをヌカ床《どこ》に入れておけばおいしい漬物になります。ヌカ床がない場合でも、「はぎれ」野菜はひと手間かけるだけで漬物になるのです。キャベツや白菜の葉が半分、3分の1などの半端が出たら、ザクザク刻み、ニンジンやキュウリの薄切りを少し混ぜて、塩少々も加えてキュッキュッと、もむだけでいいのです。夏なら大葉、冬ならショウガのせん切りなどを加えるとさらにおいしくなります。

ニンジンやゴボウ、タマネギ、ネギなどが少し余ったら、ニンジンやゴボウは太めの千切り、タマネギは1・5センチ角ぐらいに刻みます。ネギは5ミリから1センチの厚みの小口切りにしてボールなどに入れ、あれば、イカの足（イカ料理をしたときに足が残ったら、冷凍しておくとよい）、桜エビなどを加えてひと混ぜします。

ここに市販の天ぷら粉を加え、水を適量加えてさっくり合わせて油で揚げれば、立派なかき揚げの出来上がり！　そのまま食べてもいいし、市販のつゆなどを適《てき》宜《ぎ》薄め、味を調《ととの》えたつゆに揚げたてをくぐらせて、熱いご飯にのせればかき揚げ丼に。ほかにもうどんやそばに入れて、といろいろに楽しめます。

世界では毎日、２万５０００人以上の子どもが栄養失調か予防可能な病気で５歳前に死亡しているといいます。こうした知恵で食べ物を無駄にしないことで、倹約というより、ささやかでも社会貢献をしている満足感を得られるはずです。

好きな食器で雰囲気を楽しみながら食べる

退職したある女医の自宅に招かれたことがあります。「気軽におしゃべりを楽しみながら、軽く飲みませんか？」という、いわゆるウチ飲みのお誘いです。

活きのいいおさしみのほかは、ナスの煮びたしや春菊の白和《しらあ》えなど、ごく素朴なおふくろの味といった料理が並んでいるだけ。気取りのない食卓は、胃にも心にも優しく、すっかりくつろいで、なんとも心地よいひとときをすごしました。どちらかと言えば、質素と言いたくなるような献立が並んでいる食卓でしたが、なんとも豊かな雰囲気に包まれているのです。

なぜだろう？　改めて、食卓を見ると、使われている食器は染付《そめつけ》で、どれも年季ものらしく、藍《あい》の色がいい具合に枯れています。

私の視線に気がついたのか、彼女はこう言いました。

「若いときから、古い食器が好きで、地方出張のときなどを利用して、コツコツ集めていたのよ。去年まではサイドボードの中に大事に飾っておいたのだけど、最近は、毎日、使うことにしたの」

ただの白いご飯も、好きな器で食べると、味わいがぐんと違ってくるそうです。ナスの煮びたしを盛った椀は雑煮《ぞうに》椀だとか。華やかな椀に盛ってあるだけで、ただのなすの煮物が懐石《かいせき》料理の一品と言いたいくらいの雰囲気になっていました。

「年に一度しか出番がないのでは器がかわいそうだと思って、煮物椀にして、しょっちゅう使うことにしたのよ」

愛着のあるものほどよく使う。なるほど、こういう考え方もあるのです。

定年後、彼女は俳画《はいが》の稽古《けいこ》を始めたそうです。来客時や、正月、ひな祭り、誕生日などの物日《ものび》には、白い紙に干支《えと》やおひなさまの絵などを描いたものをランチョンマットのように食卓に敷いて、楽しんでいるといいます。この日も、ひとりひとりの前に、あじさいの花を描いた和紙のマットが敷かれていて、ひとしおの風情《ふぜい》をたたえていました。

「この紙、１００円ショップのしょうじ紙を切っただけなのよ」というタネ明かしも。お金をかけずに暮らしに季節感を演出している。本当の生活巧者とは、こうした暮らしができる人を言うのではないでしょうか。

松花堂《しょうかどう》などの弁当箱で、あり合わせご飯を豪華に演出

「ひとり暮らしだと、食べきれなかったものが少しずつ残っていることがあるの。そういうあり合わせでご飯をするときには、私は松花堂《しょうかどう》弁当にして食べることに

しているのよ。自分で詰めておきながら、あり合わせのご飯だなんて思えないほど、リッチな気分になるものよ」

これも、彼女が披露してくれた生活の知恵です。

松花堂弁当とは、30センチ角にも満たないほどの塗りの弁当箱に料理を盛ったもので、中が4つや6つなどに区切られています。その1区切りの中に、さらに小皿や小さな鉢が入っていることもあります。

1口残ったものや数粒の煮豆でもここに盛ると、残りものという印象が消えてしまうから、不思議なものです。

ご飯も1口大の俵型にまとめて入れたり、物相《もっそう》ご飯にしたりして「遊んでしまうの」と、彼女は言います。物相とは、飯を盛って量をはかる器という意味ですが、一般には、物相ご飯というと、懐石弁当などによく入っている、梅や松の形に抜かれたご飯のこと。ご飯の抜き型は、ちょっと大きな料理道具店に行くと扱っているのだとか。ご飯の上に木の芽や桜の塩漬けを戻したもの、何もなければゴマを少々ふります。

残り物でひとりご飯というとわびしくなりますが、これだけの工夫で優雅な食事に変身してしまうのです。

松花堂弁当箱はもちろんピンからキリまでありますが、安いものなら1000円台ぐらいから手に入るそうです。

「いただきます」「ご馳走《ちそう》さま」を声に出して言う

ひとり暮らしや老夫婦2人の食事では、食べ始めも食べ終わりも無言のままのことが多いかもしれません。これでは、食事をしたという満足は得にくいのではないでしょうか。

食事の前と後には、しっかり声を出して「いただきます」「ご馳走《ちそう》さま」と言う習慣をつけておきたいものです。

「いただきます」「ご馳走さま」の挨拶《あいさつ》は目の前の人に対する挨拶であること以上に、食べ物は植物や動物の命を「いただくこと」、そうしたことへの感謝を表すという意味合いのほうが大きいのです。

禅宗《ぜんしゅう》では、食事の前に「食事五観文《ごかんもん》」という経《きょう》を読みますが、その内容は、

①食事を調《ととの》えた多くの人に感謝して「いただきます」

②自分はこの食事をいただくのにふさわしいかどうか、自分自身を顧《かえり》みて「いただきます」

③この食事を、心を正しく保ち、貪《むさぼ》りなどの邪念を払うために「いただきます」

④この食事を、心身を養うための良薬として「いただきます」

⑤この食事を、仏道修行を成し遂《と》げるために「いただきます」

で、構成されています。

私たちは仏道修行者ではありませんが、「いただきます」と手を合わせると食べることへの感謝が生まれ、食事をおいしく味わって食べる気持ちに導かれるのではないでしょうか。

食事を終わったあとに「ご馳走さま」と言うのも、食事への感謝の心を示す行為です。

人の心は考えている以上に言葉によって影響を受けるもの。「いただきます」「ご馳走さま」と言う習慣により、食事をすることの意味がより深いものに感じられるようになっていきます。

このようにして、ふだんの日々を味わい深くすごすことは、老後の人生を心豊かなものにするために欠かせない心がけだと思います。

なじみの店をつくる

「たのしみは春の桜に秋の月　夫婦仲良く三度食う飯」

江戸時代の狂歌にこうあります。作者は花道《はなみち》のつらね。実は、５代目市川団十郎（１７４１〜１８０６年）のことです。

この狂歌にもあるように、食事もだれかと一緒だと一段とおいしく感じるものです。ふだんは「ひとり老後」の自由や気楽さを謳歌《おうか》している人も、時にふっと、「ひとりご飯はわびしいなあ」と思うかもしれません。

そんなときのために、ふらりとのれんをくぐれば、親しい笑顔で迎えてくれるなじみの店をつくっておくといいでしょう。

店の構えにもよりますが、最近は、カウンター席などに気持ちよく案内してくれるなど、ひとり客も歓迎してくれる店が増えてきています。こうしてときどき、新しい店に入っているうちに、気にいった店と出会ったら、しばらく通ってみましょう。そのうちに、板さんとちょっとした世間話などをするようになります。こうなれば、「なじみ客」に昇格（?）です。なじみの店があり、板さんと懇意《こんい》というのはなかなかいいものです。

カウンター越しに、店主や板さんと軽い会話が楽しめる店なら最高です。こうした人は、お客に立ち入りすぎず、絶妙な距離感で話の相手になってくれる達人であることが多いからです。

ミシュランの星を取った店などの食べ歩きも悪くはないでしょう。ですが、私は、店主や板さんと心通じるなじみの店をいくつか開拓しておくことをおすすめします。

未使用の食料品はまとめて施設などに寄付する

お中元、お歳暮で食料品や調味料の詰め合わせなどをもらっても、「ひとり老後」や夫婦２人の暮らしでは使いきれないことが多いですね。子どもの家庭に回すなど、活用できている場合はいいですが、そのうち、自宅で使おうと思って積み上げてある。でも、やっぱり使いきれそうもない……。

また、コンビニなどで一定時間が来ると廃棄することになっている食品など、まだ安全に食べられるにもかかわらず廃棄されている食べ物、すなわち「食品ロス」の量は、日本では毎年、５００万〜９００万トンにもなるといいます。

食品関連企業より寄贈された規格外品やパッケージに問題のある食品を集め、児童施設、失業などから路上生活を余儀なくされている人々、低所得の単親家庭、高齢者世帯など、支援を必要とする人たちのもとに運び、有効に生かす活動が「フードバンク」の活動です。

たとえば、「セカンドハーベスト・ジャパン」はその1つ。個人からもお米、パスタ、フリーズドライ食品、缶詰・びん詰などの食品や飲料の寄贈を受け付けています。宅配便で「セカンドハーベスト・ジャパン」へ送ります。送料は寄贈者側の負担になっています。

また、全国展開している、女性対象のフィットネスチェーン「カーブス」では、ほぼ年に1回、「フードドライブ」運動を展開しています。趣旨は「フードバンク」と同様に、家庭に余っている食料品を、必要としている施設などに届ける運動です。最寄りの「カーブス」にコンタクトしてみるといいでしょう。

そうやって、いくつになってもできる範囲で社会の役に立つ意識を持ち続けることが、結局は本人の健康や幸福感にもつながっていくのです。

第3章

人間関係のスッキリ整理術

わがままに生きる

「わがまま」は漢字で書くと「我儘《わがまま》」。自分があるがまま、思うがまま、願うがままの生き方を貫くことです。

ところが、私たちは長いこと「わがままに生きてはいけない」と教えられてきました。子どもの頃、店先で欲しいものに手を伸ばすと、「今日は何も買わない約束でしょう。わがままはダメよ」などと叱《しか》られた記憶はだれにもあるはずです。

幼稚園から学校に進み、やがて社会に出て仕事をするようになると、いつでも集団の論理が先行します。自分が思うままに行動すると規律を乱すことになるからと、「わがまま」はさらに抑え込まなければならないこととされました。その結果、「わがまま」はどんどん、ネガティブな意味に傾いてしまったようです。

実際、組織で仕事をしていれば、自分の思うままに行動できることなど、10にひとつもあればいいほうかもしれません。

組織は原則としてピラミッド構造で、トップダウンと言えば聞こえがいいですが、封建時代のような「命令（指示）には絶対服従」がまかり通る、わがままとは対極にあるような世界です。

しかし、もう会社にも行かない、学校にも行かなくてよい老後の日々は、思いきり「わがまま」に生きていいのです。いや、「わがまま」に生きるべきだと思います。だれにも気がねなく、思うままに生きられると考えただけで、老後が楽しく感じられるようになるはずです。

もちろん、ここで言う「わがまま」は、本来の意味の「わがまま」です。やりたい放題やればいいのではなく、自分の心を大事にするということ。同時に、他の人の気ままな心も大事にする、抑制のきいた「わがまま」でなければいけません。

作家の曽野綾子さんは、『老いの才覚』（ＫＫベストセラーズ）で、「自立を可能にするものは自律の精神である……」と書いておられますが、まさに至言《しげん》だと感服します。「わがまま」に生きるためには、「ジリツ」できていることが大前提になります。

「自立」、つまり経済的に、あるいは精神的に他者に依存しないで生きていけることだけでなく、「わがまま」にはもうひとつの「自律」も求められます。自分をしっかり律することです。つまり、「わがまま」の基本は、他人の迷惑にならないこと、できるだけ他人のお世話にならないことです。そのためには、健康管理からサイフの管理まで、自分で自分をきちんとコントロールできる必要があります。

好きなように自由に暮らしたいからと「ひとり老後」を選んでおきながら、「テレビの調子がよくないから、ちょっと見てほしい」「モコ（飼い犬）を病院に連れていきたいから、車で送ってちょうだい」などと言い、果ては「連休をひとりですごすのはさびしい。孫の顔を見せに、みんなで遊びに来てね」と、何かと子どもや友人を呼びつける高齢者も少なくないようです。

体の具合が悪いとか、病気の後遺症で大きな買い物ができにくいというような事情があるならともかく、ちょっとしたことで子どもや友人を呼びつけるのは、悪い「わがまま」です。本来の「わがまま」に徹して、好きなように生きたいと思うなら、間違っても、悪いほうの「わがまま」を発揮しないように注意しましょう。「わがまま」を通すには、かなりの自制心も必要なのです。

相手の生活を侵さない

わがままに暮らす場合、もうひとつ心に刻み込んでおかなければならないのは、ほかの人もまた「自分の思うがまま」に暮らしたいと思っているということ。その気持ちを酌《く》めなければ、自分だけわがままに暮らすことなど許されないのは道理でしょう。

おたがいに人のわがままを侵さない。わかりやすく言えば、他人に迷惑をかけることは絶対に控える。わがままを貫く場合は、これが絶対的なルールになります。

そう言うと、「ほかの人に迷惑をかけることなんかしていませんよ」という声が聞こえてきますが、はたして本当にそうだと言いきれるでしょうか。

悪気はないのかもしれませんが、実はかなり迷惑なことのひとつが、用もないのにかかってくる電話でしょう。

ひとり暮らしの老後では、夜食事をすませると、あとはやるべきことはあまりありません。なんとなくさびしい。そんなとき、つい電話に手が伸びてしまう。よくある話です。とくに女性は、ちょっとだけのつもりが、気がつくと30分、1時間としゃべっていることが多いといいます。

これといって用があるわけでもないので、たいていは「どうしているかと思って」などと口火を切りますが、先週も電話をしたばかり。相手の様子はだいたいわかっています。ご無沙汰を詫《わ》びて近況を聞くほど、インターバルがあったわけではないのです。それでも、とりとめもなくおしゃべりをしているうちに、さびしい気持ちも癒《い》えてきて、電話をかけたほうは大満足。しかし、電話の相手になったほうはどうでしょうか。見たいテレビ番組があったかもしれないし、本を読んでいる途中だったかもしれません。

少なくとも、あなたと長電話するつもりではなかったことは、向こうから電話がかかってきたわけではないことが物語っています。結局は、相手の「自由な時間」を奪うというハタ迷惑な行動をしてしまった、とは言えないでしょうか。

電話はやはり、何か用があったときにかけることを原則にしましょう。

住まいの形式や環境にもよりますが、「いただきものをしたので、一緒に食べようと思って」などと言って、突然、勝手口や縁側から姿を現すこともルール違反と言えます。午後はのんびりすごそうと思っていたとしても、相手の姿を見てしまうと無下《むげ》に追い返すわけにもいかないから、心ならずもお茶を飲みながら、世間話に花を咲かせることになります。

一見、フランクで気がねのないつき合いのようで、望ましい関係に見えなくもありませんが、相手の「わがまま」を侵す場合もあると考えるべきだと思います。おすそ分けする場合でも、事前に、「ちょっといいかしら」と電話を一本かける配慮は必要だと肝《きも》に銘《めい》じておきましょう。

時間泥棒の撃退法

突然、電話をかけて長々と話し続けるのは「時間泥棒」です。常習犯には対抗手段を講じなければいけません。電話はいったん出てしまうと、あんがい切りにくいものです。相手もいちおう、「いま、お話ししても大丈夫？」と聞いてきます。

「ええ、少しならば」と答えても、長電話グセのある人は、「少し」では話が止まらないと覚悟しておいたほうがいいでしょう。

よく、最初に「○時には出かけなければならないので」などと話せばいいと言われますが、夕食後の時間だったりすると、それから出かけるというのはリアリティがありません。そんなときに携帯電話なら着信番号が表示されるでしょうが、固定電話の場合に威力を発揮するのが、各電話会社の「ナンバーディスプレイ」サービスです。このサービスを契約すると、電話機についている画面に発信元の電話番号が表示されます。すでに契約ずみの人に聞くと、「ナンバーディスプレイ」にしてからは、セールス電話や相手がわからない電話には出ないから、振り込め詐欺《さぎ》の防止にもなるといいます。「ナンバーディスプレイ」契約は、住宅用ならばNTTの場合、月額400円(税別)。契約にあたって簡単な工事が必要で、工事費が2000円かかります(税別)。詳しくは、各電話会社に問い合わせてください。

「ナンバーディスプレイ」にしておけば、長電話グセの人から電話がかかってきたら、気乗りがしないときはとりあえずパスして、留守電対応にすることができます。翌日の昼間などに「昨日、お電話いただいたようだけど、ご用は?」とコールバックすれば、電話の時間も短縮されるはずです。

友だちにも2種類ある

老後を楽しくすごすためには、友だちは欠かせない存在でしょう。そして原則的には、友だちはたくさんいるほうがいいと思います。しかし厳密に言えば、友だちにも2種類あります。心を許し合い、どんなときも支えになってくれる真の友と、その日その日をそうさびしくなくすごすための、いわば賑《にぎ》やかしの友です。

人それぞれで、性格にも考え方にもよりますが、賑やかしの友と半日くらいすごすと、「ああ、疲れた」と思うことはないでしょうか。老いが進んでいくと、こうした友とすごすのはしんどく感じるようになってきます。

「だったら、そんな友だちとはつき合うのをやめてしまったら」と言ってしまえば元も子もなくなってしまいます。いささかのしんどさがあっても、しんどさをうまくかわしながら、上手につき合っていく。そのくらいの人間関係術は、長年の人生経験で身につけておきたいものです。

それを大前提にしての話ですが、老いの日の友だちは、あくまでも量より質です。黙っていても心が通い合うような友が2、3人いれば、十分に心満ちた日々を送れるのではないでしょうか。親友はひとりいれば十分だ、というのは少し傲《ごう》慢《まん》かもしれません。いくら親しい友でも、申し合わせて同じ時期にあの世に旅立つことはできません。夫婦の場合も同じです。

知人の編集者の女性は、「定年後は同じマンションのフロア違いくらいの距離に引っ越し、行ったり来たりして暮らそうね」と約束していた学生時代からの親友が、定年まであと数年を残して亡くなってしまいました。「急に親友はできないしね」と、ふっとさびしそうな表情を見せることがあります。

「友とぶどう酒は古いほどよし」とは、イギリスに伝わることわざです。たしかに、良質の友はそう短期間ではつくれません。ぶどう酒と同じように、時間をかけるにしたがって熟成が進み、なんとも言えぬ味を出すようになってくるのです。

しかし、会ったとたんに何かが通い合い、わずかな期間で親友になれる場合もないわけではありません。「よい友をつくるのに、遅すぎるということはない」という言葉も紹介しておきましょう。とはいえ、真の友と呼べる友だちが何人かいれば、ふだん面白おかしく時間をすごす、賑やかしの友とのつき合いもそれなりに楽しめるようになります。質と量はある意味で、補い合う関係なのかもしれません。

「書き込みページ」付きの住所録をつくる

よほど几帳面《きちょうめん》で、整理好きな人は別として、住所録は長年、同じものを使っているという人が多いのではないでしょうか。転居や転職など、記載の情報が変わると、前の情報を棒線で消して新情報を書き加えたり、別のところに新しい連絡先を書いておいたりする。そのうちに、どれが現在の連絡先なのか、わからなくなってしまうことさえあります。

Hさんは定年を迎え、時間ができたのをよい機会に、住所録をつくり直そうと思い立ちました。そして、新しい住所録には、義理だけのおつき合いの人はカットしました。これからもつき合いたい人だけを残したノートは、1人分で見開き（2ページ）ずつとってある。住所だけでなく、会ったり、電話で話したり、手紙を交《か》わしたりの交流記録を書いておこうと思い立ったのです。

100円ショップで買ったノートに、それまでの住所録から、現在も交流がある人の住所だけを書き写したら、ノート2冊分ぐらいになりましたが、2冊を貼りつけて1冊にまとめ、インデックスもつけ、立派な住所録が出来上がりました。

住所録をつくっているうちに、懐《なつ》かしい気持ちになった友だちに連絡して会う約束をとりつけ、「久しぶりに一杯やることになったことも収穫だったよ」と笑っています。書き込みスペースの多いノートにしたのは、そうした機会に得た友だちに関する情報をちょっとメモしておけるからです。

「Jさんの孫の名前は蒼一郎クン・3歳」とか、「最近、気功を始めたそうだ」とちょっとメモしておくと、次に会ったとき、「お孫さん、蒼一郎クンだったよね、そろそろ幼稚園だろ?」などと話すことができます。孫のかわいさは格別だといいます。その孫の名前を覚えていてくれたなんて大感激です。友だちのうれしそうな顔が浮かんでくるようです。また、一緒に行った店の感じがよかったというような場合には、店のカードやメニュー表などを貼っておきます。

「○○さんと行ったあの店、雰囲気がよかったし、味も上々。そのわりに値段も高くなかったし。今度、××さんと会うのだが、そうだ、あの店に誘ってみようか」と、次にだれかとまたその店に行ってみたくなったときも、すぐに住所や電話番号をたどることができます。

「最近、記憶に自信がなくなって」という人がいますが、年とともに記憶力が薄らいでいくのは神の恵みとも言えるのではないでしょうか。忘れてしまえばなかったことと同じ。人生にはいつまでも覚えていたくはない、つらいことも起こるものです。老年になっても、それは変わりません。忘れることにより、心の平安を取り戻すことも多いのです。しかし、必要だと思われることはいつでも思い出せるようにしておきたいもの。記憶力が衰えていくならば、こうしたノートなどで欠落していく記憶を補えばいいのです。

義理でつき合う必要はないのが、老後の特権

高齢期の何がいいといって、義理やしきたりといった「しがらみ」に縛られなくていいことほど、気持ちを楽にしてくれることはありません。

仕事をしていれば、「本当は気が向かないんだが」という会合にも顔を出さなければならないことはしょっちゅうです。

私はあまりそういう経験はないのですが、接待ゴルフなどでは、どんなに忙しいときでも休日返上で早朝から出かけ、そのうえ勝ってはいけない。とはいえ、ボロ負けをしてもいけないなどと微妙な力加減が求められ、ゴルフ疲れよりも気疲れのほうが大きいとも聞きます。

しかし、老後のゴルフや旅行なら、気が向かなければ「今回は見送らせていただく」と言えば、それでいいはずです。

気が進まない場合は「NO」と言いきる。そういった自分の心へのこだわりを

大事にしましょう。

地域の老人会に参加したはいいが、近くの名所見物の会だの、食事会だの、バス旅行だのとつき合いが際限なく拡大していくことがあります。それが楽しみなら、積極的に参加すればいいでしょう。

しかし、そこまではつき合いきれないと思うなら、「私は不参加」と答えれば、いいだけの話です。

もちろん参加すれば、それだけ結束が強まるから、不参加が続けば、毎回参加組とは多少距離ができるのは当たり前。それは、義理やしがらみにとらわれない気持ちの自由を確保するための多少の代償だと、覚悟しておけばいいでしょう。

だいたい世の中、あっちもよければ、こっちもよい、というような都合のよい話はありません。人生は最後の最後まで(意識がしっかりしている限り)、自己選択の連続です。

親戚《しんせき》づき合いも、自分がしたいようにすればいいと思います。もちろん地域性もあれば、本家とか分家というような、それぞれの立場もあり、そう好き勝手にはいかないケースもあるでしょう。

もし本家の家長というような立場にあり、親戚づき合いのキーパーソンであるなら、どう考えても無意味な宴席などに大ナタを入れる役割を買って出るのもいいかもしれません。

冠婚葬祭や盆暮れのやりとりは「自分流」で

冠婚葬祭のつき合いや盆暮れのつき合いにも同じことが言えます。組織に属しているときは、それほど親しい間柄でなかった人であっても、訃報《ふほう》が届けば出向かなければならなかったものです。しかし、組織や仕事の縛《しば》りから解き放たれたならば、「心から見送りたい場合だけ出向けば、それでよし」と気持ちの決まりをつければいいでしょう。

本音を言えば、年をとると香典ばかりを包むようになります。たび重なると、けっこうな負担に感じるという事情もあります。「顔を出せば、それなりのものを包まなければならないから」と、それほど親しいわけではなかった人の葬儀には弔電《ちょうでん》を打ってすませている知人もいれば、反対に、「時間があるから」といって、通夜か葬儀には参列する知人もいます。ただし、持参するのは線香一箱と決めているとのこと。この線香は奈良の古刹《こさつ》のもので、ゆかしい香りが漂い、彼自身、大好きなものだそうです。価格は1箱1000円也《なり》。人それぞれだから、それぞれの見送り方があっていいのです。

盆暮れのやりとりも、贈られればお返しをしなければならないようになります。ある知人は、長年、お中元・お歳暮のやりとりをする知り合いに「おたがいさまですから、これからはお気持ちだけいただきたい」と申し出たところ、「私もちょうどそう思っていたところでした」という返事があり、おたがいにスッキリしたそうです。

しかし、「これからは気持ちのやりとりを」と言い出したことは忘れてはならないと、夏と秋の終わりごろに、出先で求めた絵はがきなどで「お元気ですか？」と簡単な便りを送るようにしているといいます。

「お気持ちだけで」と言い出した勇気によって、義理が勝《まさ》っていたそれまでの人間関係から、本当に気持ちのこもったつき合いへと進化を遂《と》げた例ではないでしょうか。

法事などの親戚づき合いもシンプルに

私は病院に勤めていますが、病院には日曜も祭日もないため、休日シフトというものがあります。週末も交代で病院に出てこなければなりません。

ところが同僚のひとりが、「来週は法事で田舎《いなか》に帰らなければならないので」とシフトからはずしてほしいと言ってきました。叔父《おじ》の二十三回忌なのだそうです。

「最近、親父《おやじ》がめっきり年をとり、こういう席に出たがらなくなったので、長男の俺が行かないと親戚中から白い目で見られてしまう」と同僚。まだ、こういう親戚づき合いが根強く残っている地方もあるのでしょう。

同僚の話では、祖父母、叔父、叔母《おば》などと数えていくと、法事は毎年のようにあるのだそうです。その都度、彼は父親の代理として出席しているのですが、本音の部分では、毎度、疑問をいだいていて、実際、同年代のいとこなどとは「俺たちの代になったら適当にしよう」などと話すこともあるようです。

亡くなった人を悼《いた》み、偲《しの》ぶ習慣はもちろん大切にしたいものです。しかし、それはごく身内だけで偲べばいい話ではないでしょうか。また、亡くなってから10年、20年という年月がたったあとも、親戚が集まって法要を営《いとな》んだり、宴《うたげ》を張る意味があるのでしょうか。

最近、葬儀はずいぶん様子が変わり、シンプルで小規模なスタイルが増えています。葬儀を行わず、火葬だけをする直葬も増えてきています。

専門家の推定では、首都圏では20〜30％、地方でも5〜10％が直葬といいます。長寿時代になり、90代で亡くなる人も増えているから、すでに友人・知人が少なくなっていて、葬儀をしても参列者が集まらない。これが直葬をする最大の理由だそうです。

あるいは、ごく限られた身内だけで簡素な葬儀をして、のちにホテルなどで「お別れの会」を開き、多くの人に別れを惜しんでもらうというようなスタイルも増えています。

同じように、法事の簡素化ももっと進んでもいいのではないでしょうか。

仏教の一般的な年回忌《ねんかいき》は、亡くなった翌年の一周忌、その翌年の三回忌（三回忌からは亡くなった年も含めて数える）、七回忌、十三回忌、十七回忌、二十三回忌、二十七回忌、三十三回忌、五十回忌……。一般に、三十三回忌か五十回忌をもって「弔《とむら》い上げ」とするといいます。

別の知人は、両親それぞれが亡くなったあと、一周忌、三回忌はいわゆる法事をしましたが、七回忌からは子どもと孫の都合のつく人がそろって墓参りをし、食事をともにする「略式法事」ですませているとのことです。

親戚筋から、「お前のところは法事はやらないのか」と言われることもあるそうですが、知人は「すみません。それぞれ忙しいもので」と答え、それ以上何か言われても、「すみません」で通しています。

この知人の方式は、なかなか賢明な方法だと思います。

贈答品や手土産は相手が希望するものを

虚礼《きょれい》でない贈答は相手への思いを伝えることにもなり、いただくほうはもちろん、さしあげるほうも、なんとなく心が弾《はず》んできます。単調で変化に乏しいシニアの日々には、こうした心の弾みはあっていいと思います。

しかし、老夫婦2人の暮らしや、「ひとり老後」だと、お中元やお歳暮にお菓子の詰め合わせなどをもらっても、持てあますばかりなのです。どんなにおいしいものでも、そうそう食べきれるものではありません。

ある友人は、「贈り物をいただくと、たいてい子どもの家に送ってしまう」と言っていました。高齢者の家では、こんなことも多いのではないでしょうか。

だからといって、ビール券やデパート共通商品券のような、現金と同じものを送るのもどことなく心さびしく感じることがあります。

贈り物をするとか、手土産に何かというときには、単刀直入に相手の希望を聞いてみてはどうでしょうか。

ある年齢になると、ドクターストップになっているものがあるかもしれないし、健康のためにダイエット中で、それまで大好物だったクッキーやケーキなどは「厳禁」の可能性もあります。

「ちょっとしたものをお持ちしたいのですが、どんなものがよろしいかしら？　ご希望があれば……」

こう聞かれたら、聞かれたほうも、「そんなお心づかいはご無用に。お気軽に手ぶらでいらしてください」などとは答えないことです。相手の立場に立ってみれば、「手ぶらでは行かれない」と思うからこそ、尋《たず》ねているのです。

「それでは、お言葉に甘えて、お煎茶《せんちゃ》に合う和菓子をお願いしてもよろしいかしら。ご一緒にいただきましょうよ。私は果物《くだもの》を用意しておきますね」

こんなやりとりができるようになっていけば、好ましい関係が続きそうな気がします。

「久しぶりにお邪魔してもいいか？　酒でも持っていこうか？」

と声をかけると、

「いや、もらいものだけど、なかなかうまい酒があるんだ。それじゃあ、駅ビルの魚屋でさしみでも買ってきてくれないか。2〜3人用の盛り合わせがあるはずだから」

というような展開もあり、でしょう。

あげる側、もらう側、どちらもたっぷりと人生経験を重ねてきた身です。この程度のやりとりが自然にできるようになっていてもおかしくないと思います。

おすすめの贈り物4つ

「Rさんには何をあげていいのか、本当に悩むんだよね」

とよく人に言われると笑うRさん。「悪いなあと思うんだけど、自分で考えても、私のためにものを選ぶのはめちゃくちゃ難しいわ」と自分でもそう話すのです。

食べ物は原則としていらない。最近では、そうたくさんは食べられなくなってきたから、菓子折りでも、佃煮《つくだに》の詰め合わせでも、正直、持て余してしまいます。

お酒は飲まない。タオルや寝具などをもらっても、もう十分にあるので、しまい場所を取るだけという気がしてしまうそうです。

周囲を見回しても、同じような状況の人は少なくありません。

では、そういう人には何をあげればいいのか。Rさんは、わが身に置き換えて、「ひとり老後」の人が贈られてうれしいものは次の5つぐらいではないか、と教えてくれました。

①歌舞伎やコンサートのチケット

親しい間柄に限るかもしれませんが、雑談をしているときに「○月の歌舞伎《かぶき》、いいわね。観たいわ」などという会話になったような場合、「それじゃあ、還暦のお祝いに、私がそのチケットをプレゼントするわ」といった流れで、好きな公演やコンサートのチケットをいただくのはうれしいものです。相手の希望の演目、都合のよい日を聞いて手配することは言うまでもありません。

②旅先からの絵はがき

旅行に出かけてもお土産《みやげ》はおたがいになし、と決めているシニアも多いようです。しかし、絵はがきは別です。ほんの3、4行程度でいいので、旅先から絵はがきが送られてくると、静かな喜びが込み上げてきます。旅先でも、自分のことをふっと思い出してくれたことがうれしく、深く心にしみるのです。

③手づくりのジャムなど

Rさんはマンション住まいですが、ベランダでブルーベリーを数鉢育てています。その実が熟すと摘《つ》み取っては冷凍しておき、ある程度の量にまとまると、ゆっくりと時間をかけてジャムをつくります。そして、これを毎年、2、3人の友人に贈っているのです。100円ショップで瓶《びん》を買い、ラベルは手書きで、ちょっとしたイラスト入り。きれいな色の紙キャップもかぶせます。友人は毎年、心待ちにしていると言ってくれるそうです。

同じ手づくりでも、人形や袋物など、あとに残るものは、正直に言えば、あまり欲しくはないものでしょう。自分の好みでないものでも、いただけば飾っておかなければならない、もらった人に会うときには使ってみせなければいけないなどと、かえって気をつかわなければならないからです。多少古びてきても、捨てるタイミングにもけっこう悩みます。高齢者同士の贈り物は、使ってしまえば消えてしまう「消えもの」がいちばんではないでしょうか。

④地方の本当においしいもの

定年後、地方に移住した友人が、ときどき農家から直接買ったお米を送ってくれます。これが最高においしいのです。最近はお取り寄せがブームですが、地方にはまだまだ通常の流通ルートにのせない、あるいは地元だけに流通している良質のものがあるそうです。こうしたものは、質を求める老後には最適な贈り物かもしれません。

ただし、くどいようですが、たくさんはいりません。ひとりか2人暮らしの人には、良質のものを少量送る。これが心づかいです。

最高の贈り物は「時間」

知人が還暦を迎えたときのことです。仕事仲間や後輩たちが、彼女にこのうえない最高の贈り物をしてくれました。それは、一緒にすごす時間でした。

彼女はフリーの広告プロデューサーとして一匹オオカミで働いてきた人です。私生活でもひとりで、還暦を迎える年齢になっても現役バリバリの超多忙人間でした。まわりの人も似たりよったりで、忙しいことが有能であることの代名詞のような世界なのです。

そんな忙しい仲間たちが、彼女の還暦祝いのために都合をつけ合って、京都の1泊旅行をプレゼントしたのです。といっても、けっして豪華な旅ではなく、宿も仲間のひとりに仕事上のツテがあって使えることになった会員制の宿泊施設利用で、格安ですませたそうです。

夕食は、ふだんより少しおごって、ほどほどのコース料理を食べられる店を選びました。忙しい仲間だけに、夕食の席に新幹線でかけつける人もいましたが、その夜は遅くまで宿の一室に集まって、はてしなく語り続け、大いに盛り上がったといいます。

還暦を迎えた知人の経費は仲間で割り勘にしたそうですが、何より感激するのは、彼女のために仲間がそろって京都に集まり、楽しい時間をプレゼントしたことです。こんな洗練されたプレゼントはあまり聞いたことがなく、話を聞いた私まで大いに感動してしまいました。

ある年代になると、さびしさが影のようにつきまとうことがあります。そのさびしさを受け止め、その代わり他人に振り回されない心の自由を得るというのが、老後のひとつの側面だと思います。

しかし、そうはいっても、還暦などの節目をひとりで祝うのは少しこたえます。そんなとき、自分のために、仲間がそろって時間をつくってくれたのです。これほどの感激はめったにないと思います。

どんな高価な贈り物よりも、大きな喜びを届けることになるはずです。

第4章

楽しみも「中くらい」がいい加減

旅先で見たいモノ、トコロは1日2つぐらいがいい

老後の楽しみについて聞くと、「旅行」と答える人が圧倒的に多いようですね。実際、バス旅行などは、元気な高齢者でいっぱい。あれもこれもと詰め込まれた欲張りプランでこの価格！　と、私でもチラシや広告をのぞき込んでしまうことがあるくらいです。

身のまわりでもこうした旅行に参加し、大いに楽しんでいる人がいますが、あまりの欲張りプランだと、帰る頃にはぐったりしてしまうと言っています。こうした旅行には高齢の参加者も多いとか。「翌日から寝込んだりしなければいいけれど」。つい、そんな心配をしてしまうことがあるくらいだと笑っています。

疲れはゆっくり休めばそのうちとれるから、まあよしとしましょう。でも、あちこち忙しく回り、あれも見ます、ここも行きますというプランだと、どこに行ったのか頭の中でごちゃごちゃになってしまいませんか？

いちばん見たかったもの、行きたかったところの記憶まで曖昧《あいまい》になってしまっては、せっかくの旅行の意味も半減してしまうのでは、と言いたくなります。

私も若い頃は学会で地方や外国を訪れ、わずかでも自由時間が取れると、せっかくここまで来たのだからと、あちこち、追いかけられるように回ったことがあります。しかし、正直に言えば、そうして訪れたところは残念ながら、あまり深い思い出になっていません。それよりも、ホテルの近くの公園などで、ゆったりすごした時間のほうが心に深く刻まれていたりするのです。盛りだくさんのおトク旅は、考えようによっては、けっしておトクではないと言えそうです。

私はまだそうした時間をつくることは難しいのですが、時間に追われなくなったら、一ところでゆったり時間をすごす、そんな旅をしたいと思っています。

これは、知人のお母さんの話。70代目前という年代だそうですが、とても元気でエネルギッシュ。年金の半分ぐらいを月々の家計費として使い、残りをためては旅行に出かけるのを楽しみにしているそうです。しかし、この方は、ツアーはほとんど利用しません。「忙しすぎるから」がその理由。気の合う友だちと京都に行ったとしましょう。その場合も、午前中に1か所、午後2か所を見物する程度。その代わり、お寺の庭を静かに眺《なが》めながら、縁先《えんさき》でお抹茶《まっちゃ》をいただいたり、写経《しゃきょう》をしたり……とゆったりと楽しんでくるのです。先ごろは、レンタルの着物を着て京都の町をぶらぶら歩くだけ、という旅を楽しんできたそうです。

個人旅行はお金がかかるのよねえ、という声も聞こえてきそうですが、この方は老後に入った頃、市主催のシルバーパソコン教室でパソコンの基本的な使い方をマスターして、もっぱらネット検索で、格安チケットを利用しています。宿やホテルも直前予約サイトをフル活用。ツアー料金とあまり違わない料金ですませているのだとか。こんな旅の楽しみ方もあることを心に留《と》めておくといいでしょう。

ゆったり流れる時間を楽しむ

私がアメリカで仕事をしていた頃は、日本では夢のような長期休暇を楽しむ機会に恵まれていました。といっても、アメリカでも医師は忙しい仕事の筆頭で、一般のビジネスマンのように、夏休みは2〜3週間というわけにはいかなかったのですが。それでも1週間ほどの休みをもらい、それなりにリフレッシュしていたものでした。

そんな休暇旅行のひとつで、家族で海外のリゾート地を訪れたときのことです。私たちは到着後、荷物をほどくとすぐに外に観光に出かけ、夜になれば、「明日はどこに行こうか」と翌日も、その翌日もあちこち出かけることばかりで頭がいっぱいでした。ところが、3日目だったか、子どもに疲れが見えたので、さすがに外出をあきらめ、ホテルのプールサイドのカフェでお茶を飲むことにしました。しばらくカフェで時間をすごしているうちに気づいたのですが、あっちでもこっちでもプールサイドで本を読んでいる人を見かけるのです。あるいは、絵はがきを何枚も書いている人もいます。

非常に印象深かったので、休暇明けに、親しくなった外国人の同僚に、「旅行に行っても、あちこち、見物に出かけないのかい?」と聞きました。すると、「まあ、少しは観光もするけれど、基本的に休暇旅行は休むために行くんだろう。のんびり時間をすごすのが最高のホリデーじゃないか」という返事がかえってきたのです。「本を読むだけなら、家でもいいんじゃないか。わざわざリゾート地に出かける必要もないだろう」と思うのは、どうやら日本人くらいらしいのです。それからは、私も彼ら流に、休暇の旅先ではあまりアクセクせず、プールサイドやホテルのラウンジなどで本を読んだり、友人に手紙を書いたりしてすごすようにしています。

すると、こうした時間のすごし方がいかに心を豊かに満たしてくれるものであるかが、身にしみて実感できるのです。リゾート地やホテルなど非日常空間で気のむくままに本を読んだり、手紙を書いたりする。こうした時間は、非日常空間に心を遊ばせていることに通じるのです。

最近、都心のホテルでも、リーズナブルな宿泊プランが用意されているといいます。ときにはそうしたプランなどを利用して、自宅を離れて、ゆったりとした時間の流れに身を置いてみましょう。思いがけないほどのリフレッシュ感を味わえ、息子のお嫁さんへの不満や、配偶者へのいら立ちなどきれいに忘れられるのではないでしょうか。

観劇などで、自分の心をもてなす

「年に一度、自分の誕生日のある月に、好きなオペラかミュージカルを観に行くことにしているのよ」とにっこり笑うIさん。

失礼ながら、けっして経済的には恵まれているとは言えない方です。ご主人は浮気のつもりが本気になって、十数年前に家を出ていってしまい、2人の息子さんは、彼女がヘルパーをして育て上げました。その息子さんたちも独立し、ようやく、重い肩の荷をおろしました。ですが、70代後半の現在も、ヘルパーは隔日《かくじつ》ぐらいのペースで続けています。子どもの負担にはなりたくない、が口グセなのです。

それなりの辛酸《しんさん》をなめてきたからか、Iさんは自分を楽しませる名人です。ふだんはかなりつつましく暮らしていますが、ここいちばんというときには、惜しまずにお金を使ってしまうのです。

Iさんは自分も歌うことが大好きなのでオペラやミュージカルに出かけていき

ますが、自分が心から楽しめるものであればなんでもいいのです。多少の出費は惜しまず、思う存分楽しんでくる。長年、がんばってきた自分に対して、そのくらいの贅沢《ぜいたく》は許してもいいと思う、と、明るく言い放つIさん。

賢明なのは、たとえば、「誕生月だけ」とちゃんと枠《わく》を用意して、それを越えないようにしていることです。あれも観たい、これも行きたいと思い始めると生活費まで使ってしまい、あとで苦い思いをかみしめる羽目《はめ》になる。これではなんのために好きなことを楽しんできたのかわからなくなってしまいます。

Iさんはオペラなどを観にいくと、売店でちょっとした小物を買うことも大きな楽しみにしています。ときどき、私にもお土産《みやげ》をくださいますが、五線譜のフセンというような、ワンコインで買える程度のもの。でも、それらの小物を手にすると、あれこれ選んでいるときのIさんのうれしそうな顔が浮かび、こちらまで楽しい気分になります。小さなギフトは、Iさんの楽しい一日のおすそ分けなのです。

私も、ささやかでもせいいっぱい楽しんでくるIさんのように、自分をもてなす名人を目指したいと願っています。

「毎月3等席」と「3か月に1回の1等席」

本音を言うと、ある程度の年齢になると、観劇などもけっこう疲れると感じるようになります。私は忙しいこともあって、劇場に足を運ぶ機会はまれですが、そんな貴重な機会でも睡魔に襲われてしまうことがあります。

しかし、眠いのは、どうも私だけではないらしく、舟をこいでいる人を見かけるのは少なくないのです。

テレビである歌舞伎《かぶき》俳優が語っていましたが、舞台で演じているときも、客席のお客の様子は「ちゃんと見えます」とのこと。この俳優は、「お客さまが眠っているのが見えると、自分の芸はまだまだだな」と発奮材料にしていると謙虚に言っていました。

話は変わりますが、知人がこんな話をしました。知人の母親は大の歌舞伎ファンだったそうです。知人は仕事をするようになってから、毎月のように歌舞伎のチケットを買ってプレゼントしていたのだとか。毎月のように買うので、チケットは最上の席ではなく、2等、いや、ときには3等になることもあったようです。若い知人は、好きなものはしょっちゅう楽しみたい。できるだけたくさん観たい、という価値観を持っていたのです。あるとき、母親がこう言い出しました。

「毎月、出かけるのはちょっと億劫《おっくう》に思うこともあるの。好きな役者が出るときだけで十分だわ」

そこで、次からは、贔屓《ひいき》の役者が出るときだけチケットを買うことにし、その代わり、毎回、1等席のチケットを確保するようにしたところ、母上は、観劇から帰ってくるたびに、「細かな表情まで見えて、本当に堪能《たんのう》できたわ」と声を弾《はず》ませて報告してくれるようになったそうです。

年をとると若いときより目も衰えてくる。この母上の喜びようの陰には、そうした事情も潜《ひそ》んでいるのかもしれません。いずれにせよ、観劇や旅行などの楽しみも、年齢とともに「量より質」に比重を移していくといいというひとつの例なのです。

この知人の話には後日談があります。知人は看護師。夜勤も多く、大変な激務です。彼女には家庭があり、子どもも育てていたから、時間の余裕はほとんどなかったと思います。ですから、母親にチケットを買ってあげ、「おいしいお弁当でも食べてね」とお小遣《こづか》いまで渡していたという話だけで、私など、まねのできない親孝行だといつも感心していたくらいでした。でも、母親が亡くなったあと、彼女はしみじみとこう言っていました。

「1年に1回でも、私が一緒に行ってあげればよかった。母がいちばん望んでいたのは、そういう時間だったと思うのよね」

自分も少し年をとって、母親の本当の願いがわかってきたのだといいます。語尾のあたりの声がちょっと詰まって聞こえたのは、気のせいだったのでしょうか。

基本は、ひとりで楽しめる人になる

「○○美術館で××展をやっているんだけど、あなた行かない?」「△△という映画が評判になっているらしいのよ。一緒に行かない?」と、どこに行く場合も、まず一緒に行く友だち探しから始める人がいます。旅行ももちろん、「だれか一緒に行く人がいなくては」となり、「〇〇ツアーに行かない?」と電話をかけまくります。

何をするにも「ひとりじゃつまらない」と決めつけているようなのです。

しかし、本当にそうでしょうか。

たしかに、心おきなくおしゃべりできる友とすごす時間は楽しいもの。ですが、展覧会や映画など、目的があって出かける場合は、必ずしも友だちと一緒がいちばんというわけではないと思います。旅行も同じではないでしょうか。

目的地に着くまでの道中、おしゃべりしながらはいいとして、展覧会で作品を観ながら、あるいは映画を観ながら、ひそひそ話をしたりしている人は少なくありません。友だちと一緒に来ているのだから、何か話をしなければならないと思ってしまうのでしょうか。

でも、このひそひそ話はハタ迷惑なのです。また、ひそひそ話をしているご当人たちは展覧会や映画をじっくり堪能できたのかどうか、疑問が残ります。話しかけたり、話しかけられたりは、けっこう気が散るのです。

元気で、まだ頭もしゃんとしていて、近くの美術館や映画館ならひとりで行けるのであれば、自分の都合のいいときに好きに出かけて、好きに楽しんでくればいいと思います。だれかと一緒に行こうとすれば、たがいの都合を合わせなければならないし、待ち合わせはどうするかなど面倒くさいものです。若くはない者どうしだから、その日の体調によってはドタキャンしなければならないケースも出てくるでしょう。

こうして考えてみると、自由な老後をすごしたいなら、基本的にはひとりで楽しめる人間になることを目指すべきだと思えてきます。だいたいのことはひとりでできます。持ち時間をひとりで心ゆくまで楽しめる。これも、人として一人前の証《あかし》とは言えないでしょうか。

手はじめに、バスツアーなどに、ひとりで参加してみることをおすすめします。ひとり参加は思っている以上に多いもの。食事時間は、ひとり参加者が1か所にまとまることも少なくありません。そんなときには、「いいお天気でよかったですね」ぐらいの会話を交《か》わせばいいのだし、「すみません、シャッターを押していただけますか?」と声をかければ、自分の姿をおさめた写真もちゃんと残ります。

それでいて、あとを引かない一時のつき合いも、それはそれでいいものです。

最近は、何泊もする海外旅行にも、ひとり参加がどんどん増えているのだそう。

ひとり旅の爽快さ、気楽さを味わうと、やみつきになる人がけっこう多いということなのでしょう。

「ひとりがいちばん気が合うんだよ」というのが、旅はひとりで行くに限ると主張する友人の口グセです。あんがい、的を射た発言かもしれません。

約束は「ドタキャンOK」とゆるいものにする

基本的にひとりで楽しめるようになると、不思議なことに、だれかと一緒に行動することも上手になっていくものです。一緒に行動するといっても、べったりとつきまとうような、おたがいにもたれあうような、うっとうしい感じにならないからでしょう。

ほどよい距離感を保てるならば、道連れがいる外出はやはり楽しい。とくに、「ひとり老後」ならば、ふだんの暮らしもひとり、外出先でもひとりは、正直言って、さびしいものだと思います。

でも、誘い合わせていく場合には、ある程度の年齢になったら、ひとつ、条件をつけることをおすすめします。それは「ドタキャンありにしよう」ということです。「約束」という言葉の拘束力はかなりのものです。一緒にデパートで開かれている展覧会を見て、その後、ランチでも食べようかといった程度の約束でも、いったん、約束すると、少々、風邪《かぜ》気味でも出かけようとする人はあんがい多いもの。

ですが、年を取ったら、たかが風邪ぐらいと軽く見てはいけないのです。風邪をこじらせて肺炎になってしまうというケースはそう多いわけではありませんが、風邪が長引き、不快な日々が続くようなことはできるだけ避けるようにしたいと思います。

老後の日々は、毎日、スッキリ心地よく、を大原則にしたいからです。

なんとなく気が向かない。そんな日も遠慮なくドタキャンしていい。そうした気分は、気がつかないうちに、疲れがたまっているときに起こりやすいからです。

私の家人もときどき友人と出かけますが、それとなく電話の応答を聞いていると、約束の前の日におおよその確認をしています。さらに、「家を出る予定時間の1時間前までなら、ドタキャンしてもうらみっこなし」ということにしてあるようです。

もちろん、緊急事態が発生した場合は、この限りではありません。

「○○に一緒に行きましょうよ」という話になったら、その場でとにかく日程を仮約束しておく。その代わり、前日まではキャンセル自由。当日になっても、ドタキャンあり。結果的にはこのほうが、友だちと会う機会が多くなり、人間関係が長持ちするようになるというのですが、なんとなくわかるような気がします。

人間関係も「生もの」です。ときどき、相手と顔を合わせる機会をつくらないと、しだいに色あせていきがちです。相手から誘いがあったら、できるだけ、二つ返事で応じるようにしましょう。近ごろ、会ってないなと思ったら、自分から、声をかけてみるのもいいと思います。

こうして、ときどき、じかに会う機会をつくることをぜひ、おすすめします。そうした場合も、「ドタキャンあり」と、ひと言付け加えておけば、相手も、こちらの気持ちも楽になります。

「引き算の喜び方」を身につける

知り合いの大学教授は、学生時代は大学にいるよりも山ですごした日数のほうが多かったと豪語しているほどの山男。Eメールや携帯メールのアドレスにも、好きな山の名前を組み込んであるという、根っからの山好きです。

60歳を過ぎてからも、真冬でも大きな荷物を背に、深い山に向かっていく。にわか仕込みの中高年登山家とはキャリアが違うと自信満々で、日本アルプスばかりでなく、ヒマラヤトレッキングやアフリカのキリマンジャロ踏破など、世界の名山にも登ってきています。

ところが、その彼が、ある日、ちょっとした岩場で足を踏み外し、滑落《かつらく》してしまいました。結果的には大したケガもなく、そのまま登り続け、無事に下山してきたものの、内心の衝撃はけっこう大きなものがあったようです。「俺もいつまでも若いときと同じではない」。小さな滑落事件は、彼にそうした自覚を促《うなが》したのでした。ここで、さらに自分を駆り立てて登り続けると、その先に待っているのはとんでもない事故だったりするのです。

この大学教授は、数々登った山の中でもとくに好きな甲斐駒ケ岳《かいこまたけ》を一望するあたりに、古い住宅を安く買い求め、3連休や春休み、夏休みなどはそこに行き、天候など条件がよいときには山に登ります。それも少し登って、「今日は足が重いな」と感じたら、中腹にある、見晴らしのいいあたりまでで、潔《いさぎよ》く引き返してきます。

そして、甲斐駒が目の前に広がる家の縁側《えんがわ》でゆっくりビールを楽しむ。そう宗旨《しゅうし》替えしたのです。青空にくっきりと稜線《りょうせん》を描き出す連山の光景を眺《なが》めることに、新たな喜びを見いだしているといいます。

どんなに鍛錬していても、心身の力は年齢とともに、徐々にパワーダウンしていきます。賢者とは、それにあらがわず、かといって年齢に屈服するような老い方をしない人をいうのではないでしょうか。

言うなれば、上手に引き算ができる人です。年齢の壁を感じたからといって、それまで楽しんできたことをやめてしまう必要はありません。オール・オア・ナッシングはいちばんもったいない選択です。いままでより一歩引いてみると、そこからまた、新しい風景が見えてくることがあります。そんな風景を楽しむ心を持つことも、年輪がもたらしてくれた喜びと言うべきでしょう。

楽しみを味わい尽くさない

「話題になっているベストセラーの本、ひと晩で一気に読んでしまったわ」。こんな話を耳にすると、一気呵成《いっきかせい》のエネルギーの若さが羨《うらや》ましく思えますが、その半面、もう少しゆっくり楽しむことを知ってもいいのでは、とも思います。

私の知人は大の本好きでしたが、つい最近まで、かなり忙しい生活に追われていました。仕事を持っていたわけではありません。サラリーマンの夫の世話をし子ども2人を育てる、ごく平凡な人生を送った人です。娘と息子、それぞれが結婚し、娘には孫も生まれた。やれやれ、これからのんびり老後を楽しもうと思っていたときに事情が一変しました。

娘が2人の子どもを連れて離婚したのです。娘は再就職することになったのですが、ようやく見つけた仕事はやりがいはあるものの残業が多く、ほとんど毎日、保育園が終わる時間までには帰れません。結局は娘と孫と同居するようになり、保育園のお迎えから、夕食、お風呂、ときには寝かしつけるまでが彼女の仕事になったのです。いまや、離婚はけっして珍しいことではありません。これからは、こうしたケースもますます増えていくでしょう。

でも、子どもはちゃんと成長していきます。2人の孫は小学校に通うようになり、最近は彼女の負担もずいぶん軽くなってきました。いまでは、ようやく好きな読書を楽しむことができるようになっています。

どうやら、彼女は20世紀初頭の頃の小説を中心に読みふけっているようです。それも一気に読んでしまわない。1日に1章ぐらいずつ、ゆっくりかみしめるように、心の中で声に出しながら読み進めています。そのゆっくりペースが実に心地よい、と静かな微笑を浮かべています。日本語の名文には特有のリズムがあり、ゆっくり読んでいるとそうしたものまで味わえるそうです。

「それに、残りはまた明日、と喜びを先に残しておくのもいいものなのよ」

目が疲れるから一度にそうたくさんは読めない、と言ってしまっては身もフタもありません。たしかにそうした一面もあるかもしれませんが、適度な量を守りながら、じっくりと喜びを長く味わうという読書習慣から学ぶべきものは多いのです。

日課をひとつ減らして、その分、ゆったりとすごす

掃除《そうじ》、洗濯《せんたく》は毎日、やらなければならない家事、と思い込んでいる人はあんがい多いようです。汚《よご》しざかりの子どもがいるならばともかく、高齢者だけの世帯になったら、家はそう散らからないし、洗濯ものもそう大量には出ないのではないでしょうか。

女性の不満のひとつに、「主婦には定年がない」ということがあるといいます。

夫は「毎日が日曜日」を謳歌《おうか》しているのに、主婦である自分の家事負担は減らないばかりか、夫の昼食の支度など、かえって仕事が増えてしまった、というのです。

それが不満に思えるなら、「掃除や洗濯は一日おきにすればいい」と、ちょっと考え方を変えてみましょう。

亭主にしてみたら、家事をこまめにやってくれるのはありがたいが、だからといって、グチをこぼされたり、イライラされるのではつらい。帳消しどころか、かえってマイナスだと言いたい気分なのです。少しぐらい汚れものがたまっていても、のんびりゆったり時間をすごせるほうがずっといい。

家事は夫と分担する、というのもひとつのアイディアです。

たとえば、昼食の支度は夫と交代制にしてみてはいかがでしょう。地域の高齢者活動などでも「男の料理教室」を開いているところは少なくありません。それだけ人気があるのです。夫もやることを見つければ、あんがい、料理を楽しむようになるかもしれません。

あるいは、そう仕向けていけばいいのではないでしょうか。それにはちょっとしたコツがあります。ビギナーの段階で、いまいちの昼食が出てきたとしても、「おいしいわ。初めてにしてはまあまあじゃない？」とか、「人につくってもらったものは最高の味ね」などと盛大にほめまくることです。

時間に追われているとついイライラしてしまいますが、ゆったり時間をすごしていると余裕が生まれ、そのくらいの思いやりは出てくるはずです。

亭主にしても、自分でご飯をつくってみるとけっこう面倒だと気づくようになるので、手がふさがっている奥さんに向かって、「おい、メシはまだか」と催促《さいそく》するなどという無神経な言動は控えるようになっていくでしょう。

老後には、楽しく、居心地のいい時間の使い方を最優先すればいいのです。

好きなことをひとつ決めて、それだけは贅沢《ぜいたく》に楽しむ

夫を見送り、2人の子どもは独立。現在は、子どもたちを育て、短かったけれど、夫と2人の静かな日々を楽しんだ自宅で、「気ままに暮らしているの。気楽で

けっこういいものよ」といつも静かに笑みを絶やさないのがUさんです。

若い頃から絵が好きで、私にもよく絵てがみを送ってくれます。絵てがみに書いてくださる旅行は、自治体の高齢者サービスの一環として実施されているバス旅行が多いようです。自治体から補助金が出るとかで、一般の旅行会社のバス旅行の半額程度で楽しめると話していました。

この旅からもわかるように、公務員だったご主人の遺族年金で暮らしているので、ふだんの生活はつつましやかです。でも、その暮らしぶりからは、むしろ、簡素なゆとりと言いたくなるような、心豊かさが伝わってくるのはなぜでしょうか。

あるとき、お茶をご馳走《ちそう》になったのですが、「そうだ。Uさんのこの暮らし方が気持ちの豊かさをもたらすのではないか」と思い当たりました。

出してくださったお茶が、まさに「甘露《かんろ》」と言いたいおいしさだったのです。

「こんなおいしいお茶は味わったことがありません」。正直にこう言うと、「そうでしょう?」と持ち前のやわらかな笑みが一瞬、より深くなりました。

「私、一日一度、午後のお茶の時間に飲むお茶だけは贅沢《ぜいたく》しているんですよ。近くのお煎茶道《せんちゃどう》の先生のところで、宇治《うじ》の老舗《しにせ》のお茶の葉を分けていただいているんです。その先生に、お茶の滋味《じみ》を完全に抽出《ちゅうしゅつ》する入れ方も教えていただきましたから。ね、本当においしいでしょう」

自慢のお茶をほめられて、よほどうれしかったのか、Uさんにしてはちょっと饒舌《じょうぜつ》にこう語りました。

年金暮らしで余裕がないから、とつましく生活している人は多いはずです。とくに、国民年金の暮らしや、サラリーマン家庭の専業主婦でも夫が亡くなり、遺族年金になると、かなり締めてかからないとやっていけません。

しかし、Uさんのように、何かひとつ贅沢を自分に許すと、苦しさがふっとやわらぐのではないでしょうか。

これも「ひとり老後」をすごしている知り合いの女性は、一日の多くの時間をすごすリビングルームのテーブルに、いつも花を飾っています。といっても、チューリップが2、3本だったり、ユリ一輪だったりする程度。でも、生花の存在感は大きなもので、部屋全体の空気まで、美しく匂《にお》い立つような気がしてきます。

次の花を買ってくると、それまでテーブルを飾っていた花は、さらに短く切られて、小さなサラダボールのような器に浮かべられ、これは玄関に置かれています。「季節にもよるけれど、お花は毎日、ちょっとずつ切り戻してあげると、けっこう長持ちするのよ」と話しています。

生花を絶やすことがない生活と聞くと、いかにも贅沢に聞こえますが、こんな楽しみ方をすれば、それほどの負担にはならないのではないでしょうか。

小さなことでいい。ひとつだけ贅沢を味わう暮らしを、おすすめします。

一日一日をていねいに暮らす

奥さんを亡くし、ひとり暮らしになったHさんは、「毎日、これといったこともなく、気がつくと、1週間があっという間に過ぎていってしまう」と気づいて愕《がく》然《ぜん》としたといいます。

毎日、近所を散歩したり、早朝のラジオ体操に参加したりするようにしたそうですが、これもすぐにルーティン化してしまい、毎日が手ごたえなく過ぎていってしまう。ふと気づくと、曜日の感覚さえ鈍ってしまい、楽しみにしているテレビ番組を見逃したりすることさえあるそうです。

テレビ番組のほうは、もともとヒマつぶしのようなものなのでどうということもないのですが、このまま、変化に乏しい日々を続けているだけだと、認知症になってしまわないかと心配になります。

そんなある日、書店で面白いカレンダーを見つけました。毎日、その日が「何の日」かが詳しく書き込まれているのです。

たとえば、「1月22日」なら、こんな具合。

◆飛行船の日＝1916年（大正5年）のこの日、国産初の陸軍の飛行船「雄飛《ゆうひ》号」が大阪と所沢間で実験飛行に成功した。

◆ジャズの日＝JAZZの「JA」が「January（1月）」の頭の2字であり、「ZZ」が「22」に似ているから。

◆カレーの日＝1982年（昭和57年）のこの日、全国の小中学校でいっせいに給食にカレーが出た日だから。

カレンダーを繰っていくと、1月5日は「いちごの日」、2月22日はニャンニャンニャンと読めることから「猫の日」、8月7日は「バナナの日」など、ごろ合わせからきた記念日もあります。また、4月12日の「パンの日」のように、1842年（天保13年）のこの日、江川太郎左衛門という代官が、日本で初めて兵糧《ひょうろう》パンを焼いた日にちなむ、など歴史的な出来事にルーツを持つ記念日など、いろいろあります。

初めは、その日が何の日であるかを読んでいるだけでした。しかし、最近はさらに凝《こ》って、パンの日ならば、行列ができるパン屋まで行ってパンを買ってくるというように、毎日、「何の日」であるかにこだわった行動を取り入れるようになっています。

「端午《たんご》の節句には、風呂にショウブを入れるという程度なんですが、ちょっと気を配るだけで、一日一日に意味が生まれて、けっこう楽しいものですよ」と、白い歯を見せるHさん。

毎日ではちょっと面倒というなら、その月の代表的な行事だけでいい。そして、本当に簡単でいいので、生活に取り入れるようにしてみましょう。

６月にはアジサイの鉢を買ってみる。７月は小さな竹で七夕飾りをつくってみる。８月は、遊びにきた孫と花火に興《きょう》じる。こんなふうにその日その日を大事に暮らすようにすると、モノクロームだった日々に色彩が生まれ、ずっと手ごたえが感じられるようになるはずです。

思い出もコレクションも、枠《わく》を決めて楽しむ

千代紙模様などのお菓子の空《あ》き箱、きれいにたたまれた包装紙の束《たば》、景品でもらったらしい小物などを、ため息をつきながら片づけた。そんな記憶のある人も少なくないはずです。親を見送ったあと、とくに母親の遺品を片づけたときの記

憶です。

戦争を経験し、空襲などで丸裸になった私たちの親世代は、何でも片端からため込む習性がありました。終戦直後の何年かはひどいもの不足にあえぎ、古布の小切れや毛糸の切れ端までつないで使ったといいます。もの余りの現代では想像もつきませんが、ほんの70年ほど前まで、日本にもそんな時代があったのです。

その時代を生きてきた親たちは、なんでも「役に立ちそうなもの」は大事に取っておく。そんな習性をいつまでも捨てることができなかったのでしょう。そうした気持ちは理解できなくもなかったとはいえ、それにしても、山のように残されたものの整理や片づけには正直うんざりしたのが、遺品を片づけた人の本音ではなかったでしょうか。

でも、ふと気がつくと、自分も同じ轍《てつ》を踏んでいて、はっとしたことはありませんか？「ため込みグセも遺伝するんだな」と苦笑いした人も少なくないような気がします。

だからといって、思い出を愛《いと》おしむのを全面否定する必要はありません。ある制限を設け、その枠内で集めるなど、自分なりにある範囲内でおさめるようにすればいいのです。

ある人は、近くのお寺の境内《けいだい》で開かれていた骨董市《こっとういち》で明治か大正時代の、小ぶりの時代ダンスを手に入れました。そして、趣味のコレクションはこのタンスに収納できるだけ、と決めています。小学校の教員を定年まで勤め上げた彼女は、定年後、出身校の大学院に入学し、古代の染色について勉強しました。だから、古い布に目がない。よく古い布を探し歩き、買い求める趣味を持っているのです。

集めたものが小ダンスに入りきらなくなると、「自分との約束だから」とどれかを処分して、新たに見つけたものと入れ替えています。コレクターは往々にして、どんどんコレクションがふくらんでいってしまいますが、こうして、しっかり枠を決めてコレクションしている様子は年齢相応の抑制がきいた人柄をしのばせ、好感が持てます。

コレクションを楽しんでいる人は、自分がいなくなったあと、集めたものをどうしてほしいかを書き遺しておくといいでしょう。まわりの人には価値がわからないこともあり、せっかく集めたものが散逸《さんいつ》しがちだからです。

古布コレクターの彼女は、出身大学院の研究室にいっさいを寄付すると決めていて、すでに大学院側の了承もとってあるのだそうです。

思い出は心の中に焼きつけておけば十分

高齢者の家をスッキリした印象とはほど遠いものにしている原因のひとつに、思い出グッズのてんこ盛り現象があります。リビングのサイドボードの中に、各地で買い求めた旅の記念品がぎっしり押し込められていたり、壁や柱にさまざまなものが下がっていたり。

旅ばかりではありません。若い頃、ゴルフコンペで優勝したときにもらったトロフィーや盾、賞状が飾られていて、「えーと、これは何のときにもらったんだっけなあ?」と当の本人も忘れていたりします。

長年生きてきたのだから、輝いた日もあったことでしょう。子育てや会社勤めから解放されて、ようやく楽しめるようになった旅だから、行く先々で何か記念になるものを買いたくなる気持ちもわからないわけではありません。

ところが、それが家のリビングなど1か所に集結すると、おたがいに邪魔し合い、ただ、ごちゃごちゃしているなあ、という印象になってしまうのです。訪問先などで、飾られたトロフィーに色あせたリボンが結ばれているのを見たりすると、なんだか、もの哀しさを感じることさえあります。

前にも触れた『高峰秀子の流儀』によれば、高峰秀子・松山善三（脚本家）夫妻は、住まいをサイズダウンするときに、夫妻で合わせて100本以上あったトロフィー類をいっさい捨ててしまったそうです。あっぱれなまでに潔《いさぎよ》いではないでしょうか。

しかし、普通の家庭ではトロフィーが100本もあるはずもないから、本当に残しておきたいなら、大切にもできるでしょう。ただし、原則として、旅の思い出などは「心に焼きつけておけば十分」という考え方に変えるといいと思います。

日本の第一次南極観測隊の越冬隊長だった西堀栄三郎さんのお宅に取材にうか

がった人から聞いた話ですが、南極を思わせるものは、玄関から居間に通じる廊下の飾り棚に、小さな石がひとつ置いてあっただけだったそうです。

それも、うかがった人が「この石は?」と尋《たず》ねたので、「南極の石です」と、ひと言答えただけ。

栄光に包まれた人ほど、いつまでも過去にしがみつかないのでしょう。

「心にしまっておくだけでは、忘れてしまったときが心配だ」という人もいるかもしれません。しかし、忘れてしまったものはなかったものと同じ、と割りきるのも清々《すがすが》しいのです。

記憶はなくなったのに、ものだけ残っているのはかえってもの哀しい気がします。

アルバムは1冊にまとめる

ひとり暮らしを続けてきた友人が先に逝《い》き、数人の友人とともに住まいの後片づけ役を果たした知人が、こんな話をしていました。

「処分するほかはないと割りきっていたので、ほとんどを処分しましたが、手紙と写真は捨てていいか決められず、本当に困りました」

このケースでは結局、手紙と写真は処分保留にしておいたといいます。どんな事情があったのか、「身寄りはいない」と言っていた友人には家族がいることがわかり、手紙や写真は家族に手渡したそうです。

最近は操作が簡単なデジカメやカメラ付き携帯電話が普及していることもあり、みなさん、本当によく写真を撮ります。さらに、家庭でも簡単にプリントできるので、手元に膨大な写真がある人も少なくないのではないでしょうか。

これは私が尊敬する先輩の例です。この人も夫婦2人の生活になったとき、かなりの大整理をした経験があります。その少し前に両親を見送り、両親の身辺の整理をした経験から、「自分もいつかは逝く身。残された家族があとの整理で振り回されないように、と思うようになったんだ」と話していました。

両親の残したものを整理した経験からでしょうか、残すべき写真は夫婦でアルバム1冊と決めてしまいました。ただし、子どもが2人いるので、アルバムは計

3冊。子どもひとりについて1冊というわけです。

このアルバムの前半は、夫婦の若い日からの歩みを伝えるページ。後半は、子どもたちが巣立ってからの、夫婦2人の日常や旅行などの写真中心にまとめられています。後半に貼るのは、「我ながらいい表情に撮れたな」というお気にいりの写真だけ。平均寿命まではまだまだ先があるので、貼る写真は厳選し、余白部分も十分に残してあります。

パソコン操作ができるデジタルシニアならば、手元に置く写真、子どもに残す写真、それぞれCD-ROMの1、2枚程度に編集して残しておくのもいいでしょう。これならば、保管場所をとりません。

手紙の保管については、それぞれ個人により思いが異なるので一概《いちがい》には言えませんが、段ボールにいっぱいなどという量は多すぎる気がします。アルバム1冊のように制限量を決める必要もないでしょうが、とっておくなら、取捨選択して、本当に大事な手紙だけをきれいに整理して保存するようにしたいものです。

第5章

お金や資産の上手な使い方

メインバンクを決める

「大企業ではあるまいし、メインバンクなんて」と読み飛ばさないでいただきたいと思います。ありていに言えば、定年などの機会に、銀行やゆうちょ銀行の通帳を一度、整理してみようという話です。

振込手数料がかからないようにとか、引っ越しのたびに最寄りの銀行を利用するというような理由から、いくつかの銀行に口座を持っている人もいるでしょう。この際、それらを整理して、銀行にひとつ、ゆうちょ銀行にひとつの口座にし、証券会社と取引があるなら、証券会社もひとつにまとめておくといいと思います。

いまはしっかり覚えていても、そのうち記憶力が衰えてくるかもしれません。そうでなくても、人生、何が起こるかわかりません。

自分でお金の出し入れや管理ができなくなったときにだれかにお金の世話をしてもらう場合も、取引のある銀行や証券会社などの金融機関はできるだけシンプルにしておくほうがいいと思います。

銀行をひとつに絞《しぼ》り込めば、老後資金の定期預金を1か所にまとめることにもなります。いろいろな事情で銀行に融資を申し込む場合には、1か所にまとめたほうが残高が大きくなり、ローンを受けやすくなるというメリットもあります。

「資産の一覧表」もつくっておきましょう。預金通帳の銀行・支店名と口座番号、生命保険の証書番号などと、それらの保管場所も書いておく。定期預金の満期などもここに書き込む。投資信託や株などは、購入したときの金額ではなく、整理した時点の時価で計算し、老後資金の総枠を正確に把握しておきたいものです。

投資信託や株など価格が変動するものは、年に1、2回見直し、最新の数字に書き換えておくと、資産の現況を正確に把握できることになります。

年に1、2回、老後資金の全容をチェックすることは、自分の老後の足元を見直すことにも通じます。そんなにびくびく縮こまって暮らさなくてもいいんじゃないかと思う人もいれば、もう少し締めていこうと自分に言い聞かせる人もいるでしょう。

「あと何年生きるのかがわかれば、お金が足りるかどうか見きわめられるのに」という言葉をよく聞きますが、人の寿命などだれにもわかりません。

目安として、平均寿命まであと何年かと考えている人が多いようです。しかし、それ以上長く生きたら……。そんなことは気に病《や》んだところで仕方がありません。先のことなど、だれにもわからないもの。寿命に関する限り、「ケセラセラ」の精神で開き直るほかはないと腹をくくって、明るく生きていきましょう。

お金のことに心をとらわれない

「お金がないのは首がないのも同じ」という言葉があるそうです。

言うまでもなく、生きていくにはある程度のお金が必要です。だからこそ、「老後資金はいくら必要か」「いくらあれば、老後を心配なくすごせるか」というような記事やテレビ番組が繰り返されるのでしょう。

そうした記事に、「老後にはいくらぐらいは必要だ」とあっても、自分の手元にあるのは「年金収入プラス蓄え」。一般的には、これですべてではないでしょうか。潤沢《じゅんたく》な年金や、いくら使っても心配ないほどの資産を持っているのは、限られた人だけ。たいていの人は、その数字を見て安心したり、心配をつのらせたりしているのだと思います。

老人性のうつを訴える人の中には、そうした心の揺れの振れ幅が大きく、精神のバランスを保てなくなった人を見かけます。

「いまは年金でなんとかやっていますけど、この先、年金が減らされるようなことがあったらと心配で」などと言うのです。心の病気なのだから仕方がないと言うべきか、こんな考え方だから心が病んでしまうのか。卵が先か鶏《にわとり》が先かと同じで、どちらとも言いきれません。

よそのサイフをのぞいても、自分のサイフがふくらむわけではないのですから、「他人はこれより多い、少ない」と一喜一憂《いっきいちゆう》しても仕方がありません。よそ様もそうそう余裕があるわけではなさそうだと思うくらいにして、自分は自分のサイフの範囲で、自分らしく生きることを考えましょう。

年をとれば、食べる量も少なくなるし、脂《あぶら》のしたたるステーキよりも湯豆腐のほうがおいしくなるのが普通。豆腐なら極上品を買ったとしても、ステーキのように値は張りません。洋服も、極端に太ったりやせたりしなければ、手元のものでたいていは間に合います。

出かける機会が減れば、出費は必然的に少なくなります。世の中、あんがい、うまくできているものなのです。

一般的に、年金生活に移って数か月から1年もすると、新しいライフスタイルがそれなりに固まってくるようです。

それを証明するように、年金生活への不安をもらすのは、たいてい年金生活に入ってすぐの人。しばらくすると一様に、「なんとかやっていけるものですよ」と余裕の表情さえ浮かべるようになってきます。

何よりも、働かなくても暮らしていけるのは、考えようによっては極楽です。毎日、満員電車にもまれて働いた現役時代を振り返れば、サイフが少々きつくても、ありがたい日々だと思えてくるのではないでしょうか。

お金が足りない場合は知恵で補う

それでも足りない場合は、どうしたらいいのでしょうか。

以前、テレビで、介護保険の自己負担額が当初の10％から20％に引き上げられるかもしれないと報道していたとき、要介護度1でヘルパー支援を受けているひとり暮らしの女性がインタビューに答えていました。

詳しい背景は報道されていませんでしたが、たしか月額に換算すると8万円程度の年金収入がすべてという人で、当時の自己負担率10％で生活はギリギリだと話していました。20％に引き上げられたら、ヘルパー配置を少なくするか、何かを切り詰めるしかありません。彼女の選択はこうでした。

「だったら、なるべく電気をつけないで暮らします。日が暮れたら寝てしまえばいいわけですよね。そのかわり、朝は早く起きる。かえって健康的な暮らしになるかもしれませんね」

少し笑みさえ浮かべて、そう答える彼女に、「お見事！」と叫びたいような気持ちになりました。

亀の甲より年の功という。制度改革などで、やむなく出費が増えるようなことがあったら、こんなふうに切り返してやっていく方法もあるということを、頭の隅《すみ》に置いておきましょう。

出費を抑えるためではないですが、高名な経営者の中には、日の出る前に起きて自分自身を見つめる時間をすごしている人が少なくないといいます。夜、長々とテレビ漬けになっている暮らしよりも、早寝早起きのほうが体にはもちろん、心にもよい結果をもたらしそうです。

いくつになっても働く気持ちを失わない

経済的に厳しいなら、仕事をして収入アップを図るという手もあります。これは、ごく当たり前の発想です。

「そうはいっても、高齢になると働き口がなくなる」という反論もあるでしょう。しかし、それは思い込みであることが少なくありません。その気になれば、仕事の口はきっと見つかるはずです。

東京家政大学名誉教授の樋口恵子さんは、かねがね「女性は年をとると貧乏になるように社会ができている」と話していました。

夫が死亡すると、その後、妻に支給される遺族年金は、夫婦2人のときの支給額の6割程度になってしまいます。だからといって、光熱費などが半減するわけではないし、たしかに女性の老後は厳しいと言わざるを得ないかもしれません。しかし、女性のほうがツブシが利くということも忘れてはいけないでしょう。

最近は、シルバー人材センターを利用して働く場所を見つける人が増えていますが、女性が得意とする家事代行・留守番・子育て支援などなら、80歳を超えても働き続けることができるそうです。ペット好きなら、ペットの世話をする仕事もあります。東京都のある自治体を例にとると、シルバー人材センターにおける家事代行の料金は1時間約1100円。事務経費などが差し引かれるとしても、週

2回、3時間程度の仕事をすれば、1週間で6000円ほどは稼ぎ出せます。

また、保育園不足から、民間のベビーシッターを頼む人も増えています。経験豊富で、情緒が安定しているシルバーシッターはニーズも高いと聞きますから、そうした会社に自分からアプローチするのもいいのではないでしょうか。健康であれば、活路は必ずあります。

Eさんは、夫の親の介護に50代をほぼ費やしたという人です。近くの介護用品店にしょっちゅう通っているうちに、すっかり店の人と親しくなっていました。舅《しゅうと》、姑《しゅうとめ》を見送り、介護を卒業したときには60代に足を踏み入れていました。しかし、そんなとき、介護用品店の店主から「自由に時間を使えるようになったのなら、ぜひ手伝ってほしい」と声をかけられたのだそうです。

いまでは、店に常駐し、介護用品を探して来店するお客の相談役として仕事をしています。介護中の人は精神的に行き詰まっている人も少なくありません。Eさんは自分の経験から、その気持ちが手にとるようにわかるのです。介護用品に対する理解も深いものがあり、そんなEさんとの対話を求めて来店するお客も増えてきて、この店に欠かせないスタッフになっています。

高齢期の最大の武器は、若い人にはない「経験」です。自分はどんな経験を積んできたか、その経験を生かせる仕事はないか、真剣に探してみましょう。

もちろん、男性も働く気になれば、道はいろいろあります。「健康のために」と図書館の自転車整理の仕事を始めたKさんは、現役時代は製薬会社の営業一筋で歩んできた人です。小遣《こづか》い程度の収入は、気が向いたときに書く書道の紙や墨代に消えてしまいますが、「働いて得たお金で買い物をする気分は最高だ」と白い歯を見せて笑っています。

家計のレコーディングダイエット

かつて、「レコーディングダイエット」という減量法が話題になったことがあります。その日、口に入れたものは何でもノートに書き出すのです。これだけで、自然に減量ができるのだそうです。書き出しているうちに、自分がいかに無自覚に、ちょこちょこと食べ物を口に入れているかを自覚するようになる。その結果、自然に食をコントロールするようになり、カロリーダウンが図れるというわけです。

この作戦は、家計のスリムダウンにも効果がありそうです。夕食のあとなどのゆっくりした時間に、サイフからレシートを取り出して整理するついでに、ノートにその日の出費を書き出す。そして、その日の合計と、その月の合計を計算する習慣をつけてみましょう。時間にして、おそらく3分もかかりません。

この習慣を続けているうちに、ムダな買い物をしていることに気づくようになり、必要なものを必要なだけ買う行動習慣が身についてくるはずです。

食べざかりの子どもたちを育ててきた経験が抜けきらないのか、2つ買うと割安になるとか、一山いくらというもの、特売品と大きく書いてあると、つい手を伸ばしてしまうクセからは早く卒業しなければいけません。

買いだめのクセも見直さなければいけないことのひとつ。買い物に便利なところに住んでいるなら、手元のものを全部使いきってから買い物に行くぐらいでもいいのではないでしょうか。ティッシュペーパーや洗剤なども最後の一箱になったり、残量があと数回分になったあたりで買い足せば十分です。

ある女性は、スーパーに行くのは週1回で、あいだの日は豆腐は豆腐屋でと、専門の店で買うようにしているそうです。「スーパーに行くと、お豆腐一丁だけを買うつもりでも、いつの間にかカゴにいろんなものが入っているのよ」と笑っています。

「冷蔵庫にあるものを使うだけの日」というのを決めている人もいます。少しずつ残った野菜があったら、夏なら炒《いた》め物、冬は鍋《なべ》にするなど、ちょっとしたアイディアしだいで、立派なおかずになります。

こうした工夫を「節約生活」などと思うのではなく、知恵を働かせる暮らしだと前向きに受け止めれば、かえって楽しくなるものです。

カードでの買い物は、厳しくセルフチェックを

クレジットカードやプリペイドカード、携帯などで支払いをすませるキャッシュレス社会が進んでいます。しかし一般的に、カードで買い物をするときには、現

金で支払うよりも「お金を使った」という実感が薄いのではないでしょうか。

私もそのひとりで、予定外の買い物をするときなども「カードを使えばいいか」と、自分で自分に弁解することがよくあります。

しかし、クレジットカードはその名称のとおり、実は「借金」と同じであることを忘れてはいけません。カードを持つなというわけではないのです。しかし、カードで買い物をするときには、現金で買うよりも多少ハードルが低くなることを覚えておきたいところです。

私の友人は、予定外に買いたいものに出会ったときは、カードを使うのではなく、いったん店を出て、近くのＡＴＭでわざわざお金をおろしてから買うようにしているといいます。最近は24時間開いている銀行のＡＴＭコーナーもあるし、コンビニでもお金はおろせます。衝動買いグセのある人には、参考になるかもしれません。

それから、手持ちのクレジットカード類を1、２枚に整理しておくこともおすすめしたいですね。カードを入れているサイフを落としたり、盗難にあったような場合、すぐに無効にしてもらうように連絡しなければなりませんが、何枚もカードを持っていると、すべてを記憶しているかどうか危うくなってしまうからです。
１、２枚に絞ったカード会社の連絡先は、手帳などに書きとめておきましょう。カードには保険がついていて、盗用された場合もある金額までは保険でカバーされることが多いのですが、すぐに連絡しないと被害が大きくなりかねないなど、リスクが高くなってしまうからです。

お金は自分のために使いきる

「人それぞれ」という言葉が最もあてはまるのが、老後の経済事情でしょう。あくまでも一般論になりますが、日本の高齢者は現段階では、まだまだそう追い詰められているわけではなさそうです。

日本には現金や預貯金、保険や年金、そして有価証券などといった家計の金融資産が１８３０兆円あるといいます（２０１７年度末）。そのうち約半分にあたる

49・5%を65歳以上の世帯が保有しているといいます。

「私には3人の信頼に足る存在がある。老いたる妻、老いたる犬、そして貯金」

これはアメリカの政治家ベンジャミン・フランクリンの言葉です。前の2つはともかく、少なくとも、日本人は3つめの友には恵まれているようです。

実際、多くの日本人が2000万円前後の資産を残して死んでいくという話も聞きますから、預貯金の多くは結局、使いきれない人が多いのです。

それでも、子どもたちが喜んでくれるならまだしもで、現在、家庭裁判所で扱う案件でいちばん多いのは、遺産相続争いだそうです。それも、遺産総額が数百万円とか、小さな家一軒を残しただけ、というような少額遺産をめぐっての争いが多いとも聞きます。

そんなことなら、自分で稼いだお金は自分の人生で使いきるという人生観を確立すべきだと提案したいと思います。

これまでは、「子どものために」が最優先で、自分のためにお金を使うことは二の次、三の次にしてきたのではないでしょうか。だからこそ、老後は自分自身の人生を豊かにすごすために、遠慮なくお金を使えばいいのです。

私の知人は、70歳になった記念に車をベンツに買い替えました。車体が頑丈《がんじょう》で安全だという理由からですが、価格もそれなりでした。

別の知人は、格安旅行専門だった頭を切り替え、「グリーン車利用」とか「ビジネスクラスで行く○○旅行」というような、ワンランク上の旅行に参加することにしました。

すると、やはり楽で、旅もずっと楽しい。いまではすっかりワンランク上の旅行ばかり選ぶようになっています。

食べるものも着るものも、サイフが許す限り、上物を選ぶようにしましょう。たまには、これまでは雑誌で見るだけだった寿司屋や天ぷら屋に足を運んでみるのもいいでしょう。

「葬式代ぐらい残したい」と口癖《くちぐせ》のように言う人もいますが、立派な葬式よりも、生きているあいだに心楽しむ日々を送るほうがずっと意味がある、という考え方もあります。

子どもや孫のサイフにならない

「また娘が孫を連れて遊びに来たのよ。帰りには1週間分ぐらい、スーパーで買い込んでいくの。もちろん支払いは私の役目。こっちだって年金暮らしなのに」

本人はグチのつもりでしょうが、半分は自慢話に聞こえてしまい、聞いているほうは、「だったら、やめればいいのに」と思うだけです。中には、「孫のお稽古《けいこ》代や私立学校の月謝を支払わされている」と嘆く人さえいます。

週末など、親子と孫らしい組み合わせの数人が外食している場面に遭遇《そうぐう》することがありますが、それとなく見ていると、たいていは祖父母らしい人が支払っています。

いい年をした子どもが高齢の親に甘える。こんな子離れ、親離れできない親子が増えているのが実情のようです。

日本経済のパワーダウンが響いて、高度成長期のように年々給与が上がっていくという仕組みが崩《くず》れ、その一方で教育費など子どもにかかる経費は増えるばかり。中年にさしかかった子どもの家計は、けっして楽ではないのでしょう。

しかし、よほど余裕があるならともかく、こちらも年金ベースの暮らしなのです。親子それぞれ、自分の生活は自分でまかなうことを原則に、おたがいに依存せず、依存されずの関係を保っていくのがベストではないかと思います。

孫に会うたびに「何か欲しいものはないか」と、おもちゃなどを買い与えて悦《えつ》にいってはいないでしょうか。

幼児のうちは、キャラクターグッズなどを買ってやれば喜んでいますが、そんなことを続けていると、おじいちゃんは「なんでも欲しいものを与えてくれる人」というイメージが確立されてしまいます。

成長すると、「おじいちゃん、お小遣《こづか》い」と言って手を差し出すようになるのがオチです。

しかも、その結果は、孫をスポイルしてしまうだけ。ろくな結果にならないことも覚えておきましょう。

「孫にあげるのはお年玉だけ」と決めた人がいます。金額は親である子どもと相談し、1学年1000円が基本。小学校1年生で1000円、5年生で5000円。中学3年は本来なら9000円ですが、少しおごって1万円。高校生からは3年間据《す》え置きで1万5000円という「取り決め」だそうです。

ほかに、誕生日には手製の誕生日カード、クリスマスには日記帳を贈ります。

「そう決めてしまえば、うちのジイジはそういう人だと思うらしく、別に不満もないようだよ」

とスッキリした表情で話しています。

子どもや孫にお金を差し出す心理のどこかに、「嫌われたくない」「もっと年をとったときに世話になるかもしれない」という気持ちが潜《ひそ》んでいるとしたら、かえっていじましい。そんな気持ちを捨てるほうが先でしょう。

それぞれが自立した人間として、精神的にも経済的にも、それぞれの範囲で生きていく。親子や孫とは純粋に情愛でつながっていきたいと思うのですが、理想論にすぎるでしょうか。

振り込め詐欺《さぎ》から親子関係を勉強する

「女性を妊娠させて、１５０万円が必要になった。携帯電話は番号が変わった」と息子を名乗る男から電話があったのを皮切りに、その後、「弁護士費用が必要になった」「女との手切れ金が必要だ」、さらには「同僚の親が手術をすることになったので」と次々電話で無心され、１か月間に計21回、１２００万円ものお金を次々指定の口座に振り込んだ……。

最近、新聞に出ていた記事で、振り込んだ女性は70代です。「月末までには返すから」と言っていたのに、月が変わったとたんに連絡が途絶えた。そこで初めて不審に思い、長男に連絡したところ、長男がきっぱり否定。やっと、だまされていたのに気づいたといいます。

何回連絡を受けてもわが子の声と信じて疑わなかったようで、振り込め詐欺《さぎ》などの犯罪者の口調や手口は年々、巧妙になっていることをうかがわせます。「１か月に1200万円か。やはり日本の高齢者はお金を持っているんだなあ」と妙な感心もしてしまいました。

イギリスに暮らす友人が帰国したときに、振り込め詐欺の話をしたら、「おそらく、イギリスでは考えられない話だな」と笑っていました。成人した子どもの不始末を、電話1本で親が尻ぬぐいするという精神構造そのものが理解できないと言いたげでした。

親が子を思い、子が親を思うという気持ちは万国共通だと思います。しかし、外国、少なくとも欧米の親子関係はもっとクールです。成人したら、親は親、子どもは子ども。それぞれ完全に独立した人間どうしとして生きていくのが当たり前、という考え方が社会全体に根づいているのです。

日本の親子関係も、もっとクールでいいと思います。もっと大人同士の関係に変えていきたいものです。

振り込め詐欺がはびこるもうひとつの理由は、逆に、日ごろの親子関係が疎遠《そえん》だということもあるでしょう。ふだん、まったく連絡がない子ども、あるいは子どもの友だちを名乗る電話があった。それだけで、疎遠だった子どもに頼られたような気がして、舞い上がってしまうわけです。これも底流にあるのは、子どもだけが生きがいというような心情です。

とはいえ、それらしい電話がかかってきたら、どう対応すればいいのでしょうか。いちばんいいのは、とにかく、いったん電話を切ること。「いまは手が離せない」「来客中だ」「すぐに出なければならない」など、理由はどうにでもつけられます。「用が終わったら、すぐにこちらからかけるから」と言えば、詐欺ならば、このあたりでたいてい「ガチャン」と電話が切れるはずです。

「もっと増やそう」などと欲張らない

「未公開株を特別に売ってあげる」という話にのって、大やけどをした例は耳にタコができるほど聞いているはずなのに、相変わらず、こうした話にだまされる人が後を絶ちません。あるいは、これは詐欺ではないのですが、ＦＸ（外国為替証拠金取引）や先物取引で大きな損を出し、消費者センターに泣きつくなどのケースも多いようです。

こうした問題には、多くの高齢者が混じっています。ファンドや投資などでも高齢者が狙《ねら》われ、中には数百万、いや数千万単位のお金をドブに捨てるような羽目《はめ》におちいり、老後の生活設計が破綻《はたん》したケースまであります。

老後のトラの子を失って精神的に不安定になり、精神科を訪れる高齢者もいますが、いまさら失ったお金は取り戻せません。だまされた自分への自信喪失、今後の生活不安などを医療で救うには限界があり、治療が長引くケースも少なくありません。

こうしたケースに共通しているのは、高齢者にはややこしい投資の仕組みはわからないと見て、「高いリターンが得られる」という点だけを強調するセールストークです。

日本は超低金利が続いており、銀行などの預貯金につく金利はスズメの涙と言いたいぐらい少ないと言えます。

ですから、うまい話を耳にすると、つい、膝《ひざ》を進めたくなる気持ちもわからないではありません。

しかし、投資には、「リターンとリスクは比例する」という絶対的な法則があります。高いリターンを期待できるものは、リスクも高い。リスクが低い安全な金融商品は、リターンも低い。例外は絶対にないと思っていれば間違いありません。おいしい儲《もう》け話など、そうそう転がっているわけはないのです。

そもそも、投資はすべて「自己責任」であることも忘れてはいけません。サインや判を押すときには、同時に、それによりマイナスが起こっても、自分で引き受けるという覚悟が必要であると肝《きも》に銘《めい》じましょう。

もうひとつ要注意なのは、「お買い得」「お得」という言葉です。「計画段階で入居の権利を買っておけば、割安で老人ホームに入れる。だから、お得だ」とか「投資もでき、格安で利用もできるリゾートホテルだ。権利を1口買っておくと得だよ」とか、「健康食品を半年分買えばお買い得だ」などなど。

こんな話におめおめのってしまうのは、手持ちのお金をもっと増やそうなどと、欲をふくらませるからです。

「欲なければ一切足り、求むるあれば万事窮《きゅう》す」

これは良寛《りょうかん》の言葉です。生涯無《む》一物《いちもつ》という生き方を貫いた僧です。あばら屋に住み、ボロに包まれ、家財道具もほとんどない暮らしの中で、心を思うままに遊ばせ、悠々《ゆうゆう》と生きて死にました。

凡人は良寛ほど無欲に徹して生きることは難しいものですが、少し前まで、老人には「枯れる」という言葉が似合ったものでした。枯れると言っても、カサカサに衰えるということではない。枯淡《こたん》の境地に至り、物欲から解き放たれ、淡々と清々《せいせい》と生きる。そんな生き方を体得した老人を見かけることはそう珍しくはなかったのです。

これから子どもを教育するわけではなし、新たに家を求めるわけでもない。それなら、あれこれと欲を突っ張らせなくてもいいのではないでしょうか。

いま手のうちにあるもので、心を充《み》たしていく。そんな生き方の極意を身につければ、あやしげな投資話に惑わされることはなくなるはずです。

お金のことを託せる人を確保しておく

いまどき、老後は子どもに頼ろうと考えている人は少ないと思いますが、「最後まで、自分ひとりでやっていく」と豪語するのもどうでしょうか。

Wさんのお母さんも、「人の世話にはなりたくない。最後までひとりでがんばる」と言い張っていたひとり。子どもは3人で、みんな親の世話をいやがっていたわけではないのですが、よほど自立心が強い人だったのでしょう。

ところが、80代に入ってすぐ、突然の嘔吐《おうと》・腹痛で救急搬送されました。病名は腸閉塞《ちょうへいそく》。高齢のため手術を避けて点滴治療を選んだことから、入院は2か月以上の長期になりました。ベッドに横たわるだけの2か月をすごすうちに、すっかり足腰が弱り、退院後も以前のように出歩くことは難しくなってしまいました。

そこで、3人の子どものうち、シングルだったWさんが実家に移り住み、その後、90歳を超えて亡くなるまで、Wさんは介護に追われました。そのあいだ、何回か入退院を繰り返しましたが、Wさんは、日本の社会は最後の最後まで、ひとりで何もかもやりきることはできない仕組みになっていると痛感したといいます。入院するとなれば保証人が必要だし、その後も、入院保証金の支払い、定期的な入院費の支払い、こまごま必要なものを取りそろえる、医師から話を聞くなど、どうしても家族が関わらざるを得ない。これが現状です。

もちろん、世の中にはシングルのまま年齢を重ねていく人もいます。そういう人はそれらをどうしているのか。自分がシングルなので、Wさんはそれとなく周囲を観察していたそうです。

すると、たいていは姉妹や男兄弟の妻などが来ていたり、いとこ、甥《おい》、姪《めい》などがときどき顔を出し、そうした諸々を引き受けているケースが多いようでした。

最近は、入院の保証人や検査・手術の同意書は身内でなくてもかまわないとする病院も出てきていますから、必ずしも親族でなければ老後の「まさかのとき」のことを託《たく》せないわけではありません。病院が柔軟になったのは、身内よりも、親しい友人などのほうが頼みやすいという人も増えているからでしょう。

しかし、「だれかの手」は必要なのです。

ある年代になったら、だれかの手助けを必要とする事態があり得るということだけは頭に入れておきたいものです。そして、そんなとき、気がねなく頼める人を、身内、友人、どちらでもいいから、ひとりは確保しておく必要があることも覚えておきましょう。

とくに、銀行に行ってお金をおろしてきてもらうというようなことを、だれに頼むかです。通帳や印鑑を金融機関の貸金庫に入れてあるとしたら、貸金庫を開けるカードや鍵はどこにあるのか、カードなら暗証番号も伝えておかなければなりません。

老いがしのびよる年代になったら、基本的には「最後まで、ひとりでがんばる」という気持ちはあっても、「必要なときは、どうぞよろしくね」という柔軟な姿勢を持つことも必要なのです。

ある人にお願いすることにしたら、その人の連絡先などを書いたものを家の中のわかりやすいところに置くこと。これも大事な心得のひとつです。

「日常生活自立支援事業」や「成年後見制度」を知ろう

「まさかのとき」にお金のことなどを託すのは家族に、という考え方は必ずしも最善のものではないケースもあります。最近は、親の年金をあてにしている子どももいるくらいで、子どもがいちばんあてにならないし、あてにもしたくないという場合もあるからです。

家族がいない、あるいは信頼できる家族がいないという人が、ひとりですべてをまかなうことや財産管理が難しくなってきたり、判断力が低下した場合に不利益をこうむらないようにサポートする公的な制度もあります。こうした制度について知っておくと選択肢が増え、よりよい方法を選べると思います。

ひとつは、社会福祉協議会（都道府県と市区町村にある）が提供している「日常生活自立支援事業」です。

この制度では、次のようなサポートが受けられます。

①介護サービスをはじめとする福祉サービスの利用、また利用停止に必要な手続き、福祉サービスの利用料支払いの手続き、年金・福祉手当などの受領に必要な手続き。医療費・税金・社会保険料・公共料金・家賃などの支払いのサポートなど。
②税金、医療費の支払いなど日常生活に必要な預金の引き出し、解約、預け入れの手続きなど、日常的な金銭管理サービス。
③預金通帳、年金証書、権利証、契約書類、保険証書、実印、銀行印などの書類、印鑑の保管など。

関心がある場合は、居住している地域の社会福祉協議会に照会してみるといいでしょう。

「成年後見制度」は、判断力などが衰えた高齢者などを保護する制度で、大きくは「法定後見」と「任意後見」に分けられ、一般的なのは任意後見のほうです。

これは、判断能力があるうちに、自分が信頼できる後見人（任意後見受任者）

を選び、判断能力が不十分になったときの生活、療養看護、財産管理などを委託する制度。平たく言うと、将来、判断力が低下したときのために、あらかじめ後見人を選んでおき、そのときが来たら、その後見人から必要な支援・保護を受ける制度を言います。

後見人は、不動産の管理や金融機関との取引など、財産管理一般と、家賃や治療費・入院費の支払い、医師の説明に同席するといった身上監護などを行います。後見人の契約は公正証書を取り交《か》わし、後見監督人が任意後見人の事務を監督し、家庭裁判所に定期的に報告しなければならないとされているなど、不正や不満が起こりにくい仕組みになっています。

成年後見制度についての問い合わせは、地域の成年後見センター、公証役場などへ。適当な後見人が見つからない場合には、後見人候補者を紹介してもらうこともできます。

第6章

人生の終章はスッキリと機嫌よく

エンディングノートを書く

中高年のあいだで、遺言書作成がブームになっているそうです。ある文具メーカーが「遺言書キット」を発売したところ、1か月もたたずに、3か月分の予定数量を完売してしまったほどの売れ行きだったといいますから、その人気は想像以上です。

私が、強く心を惹《ひ》かれたのは、「中高年の」というところです。死は必ずしも高齢者にだけ訪れるものではないことがわかっているのでしょう。

遺言書とよく似たものに「エンディングノート」があります。遺言書は遺産相続など、資産に関して書き遺《のこ》すことが多く、法的な力もありますが、エンディングノートは「人生の最後を自分の意思にそったものにしたい」という意味合いで書くもの。病気との立ち向かい方、余命告知をしてほしいかどうか、延命治療が必要かどうか、介護が必要になったときの希望などを書くことが多いようです。

エンディングノートは、死を意識したノートというわけではありませんから、人生の終章をどう生きたいか、どうありたいかを考えることにより、むしろ、これからどう生きていきたいか、自分の心の奥底を見つめる作業に重なってくることが多いといいます。だからこそ、老年というよりは、中高年期に取り組み始めたいことのひとつなのです。

弁護士をしている私の友人は、「人はいつでも死と隣り合わせに生きているのだから、50歳とか60歳など、節目の年を迎えたら、それをタイミングにエンディングノートを書くといいと思う」と言っています。私もまったく同感です。

また、還暦を迎えたのを機に、エンディングノートを書いた友人はこう語っています。

「それまでの生き方を総決算したような清々《すがすが》しい気持ちになり、かえって新しく生きる力が湧《わ》いてきたのは意外でした。自分が生きてきた60年を振り返っているうちに、本当に多くの人に助けられてきたのだと、しみじみとした感謝の思いも込み上げてきました」

エンディングノートは、特定の書式にのっとったものでなければならないわけではありません。書店や文具店に行けば何種類か並んでいるはずなので、自分にとって書きやすいものを選べばいいし、インターネットからダウンロードもできます。だいたいは以下の項目で構成されていますから、市販のノートに自分なりに書いたものでも、もちろんかまいません。

エンディングノートに書いておくこと

エンディングノートには、こうでなければいけないという決まりはないのですが、一般に次のような内容で構成されています。

I・自分自身を振り返る

▼自分自身について……出生から、両親・兄弟姉妹など家族のこと（住所リストも書いておく）、仕事の経歴、仕事上の功績・受賞歴などがあれば、それも書く

▼人生を振り返る……いままでいちばん楽しかったこと、いちばんつらかったこ

と、とくに深く思い出に残っていること、これからの展望など

Ⅱ・身辺整理＝現在の状況が把握できることを書く

▼既往症やかかりつけの病院・医師の連絡先など

▼お金や大事なものの保管場所

▼本などの寄贈先の希望があれば、それも書いておく

Ⅲ・リビング・ウィル

▼病名・余命の告知を希望するかどうか

▼延命治療を希望するかどうか

▼介護をだれに頼むか

Ⅳ・死について

▼死についての基本的な考え

▼希望する死の迎え方（自宅で、病院でなど）
▼葬儀についての希望（宗教・戒名《かいみょう》・祭壇など）
▼墓について（家族に任せるか、散骨や自然葬を希望するかなど）
▼自分の死を伝えてほしい人のリスト
▼遺影に使う写真を用意して、ネガやデータファイルなどをつけておく

V・家族など愛する人へのメッセージ
▼配偶者へのメッセージ
▼家族へのメッセージ
▼親族へのメッセージ
▼友人・知人へのメッセージ

こうして整理していくうちに、たとえば延命治療を希望しないならば、日本尊厳死協会の会員になって「尊厳死の宣言書」を作成しておくとか、公証役場で「尊

厳死宣言公正証書」を作成しておくなど、自分の意思や希望を確実に実行するために必要な点が見えてきます。

自然葬を希望する場合なら、生前にそうした組織に申し込みをしておくといいでしょう。

エンディングノートは、一度書いたら変更してはいけないというものではありません。50代、60代、70代と年齢を重ねるうちに、考え方が変わっていくのは、むしろ自然と言えるのではないでしょうか。

ある程度の年齢になったら、エンディングノートをつくり、年に一度ぐらいは開いてみて、考え方が変わったところがあれば、そのたびに書き直す。これも、自分の精神史をたどる大きな意味があるのではないでしょうか。

言うまでもないことですが、エンディングノートは「まさかのとき」に、だれかの目に触れなければ意味がありません。

ふだんから、「こうしたものが用意してあります」と、身内や親しい友人などに話しておくことも忘れないようにしましょう。

健康を保つことは、まわりに対する最高の心づかい

介護がまわりの人にどれほど重い負担を与えることになるかは、改めてお話しするまでもないでしょう。健《すこ》やかに年齢を重ねることは、人生において、とくに高齢期においては、最も心すべきことだと思います。

寝たきりや要介護状態になると、家族の負担になります。もちろん、好き好んで病気になる人はいないでしょう。しかし、健康について無頓着《むとんちゃく》な人は想像以上に多いものです。

高齢になっても、好き勝手に食べたり飲んだり、毎日、テレビの前に座っているだけだったりする人もいれば、反対に、若者に負けないぞとばかり、ハードに運動をする人もいます。

運動は、すればいいというわけではありません。何事にも「適度」というものがあります。高齢期には、ほどを心得ることが大切なのです。

せっかく自治体が実施している健康診断の知らせが届いても、知らん顔を通していませんか。基本的な検査は無料で受けられますから、この検診ぐらいは欠かさずに受けるようにしましょう。

どんな病気も早期発見がいちばんの療法です。まだ軽いうち、早い段階に異常を発見すれば、ライフスタイルを改善するだけで症状が軽くなることも多いのです。

高齢期の健康管理で気づかいたいポイントは、「生活習慣病」と、「足腰が衰えないように心がける」の２つ。メタボ検診で話題になったように、太らないように注意していれば、高血圧や糖尿病のリスクはかなり低くできます。

食生活も見直しましょう。できるだけ野菜を多く、和食を主《しゅ》にした食事に切り替え、味付けも薄味を心がけましょう。

無理も禁物です。疲れたと感じたら、すぐに休む。風邪かなと感じたら、早めに寝る。「このくらい大丈夫」と我を張るのは、はたで見ていても格好のいいことではありません。私はむしろ、ちょっと控えめにしているほうが、年相応の抑制を感じさせて、好ましいと思います。

足腰が衰えると、生活がつまらなくなります。旅行にも行かれなくなるし、家のまわりを自由に散歩するというような、ささやかな楽しみさえなくなってしまうのです。

先ほど195ページで紹介した、寝たきりの母親を介護したWさんの場合。足腰が弱り、寝たきりの生活がどんなものであるかを目《ま》のあたりにしてきた経験から、彼女は母親を見送ったあとは、懸命にスポーツに励《はげ》み、足腰が衰えないように鍛えています。

その成果があって、75歳を過ぎたいまも、地区の老人会が毎月1回実施している20キロほどを歩く「歩こう会」では、元気な足取りを見せています。

年齢や体調にもよりますが、できるだけ1日に5000歩くらいは歩くように心がけましょう。

公園などに行くと、まなじりを決し、修行者のような表情でウォーキングをしている人を見かけます。その努力を否定するわけではありませんが、ぶらりと風に吹かれるように、ひょうひょうと散歩するのでもいいと思います。

気持ちを追い込まないこと、心を伸びやかに遊ばせることも、健康管理では欠かせないのです。

兼好《けんこう》に学ぶ「心を空《から》っぽにする」習慣

「おぼしき事言はぬは、腹ふくるるわざ」

吉田兼好《けんこう》の『徒然草《つれづれぐさ》』にある、この言葉を正確に解釈している人はあんがい少ないのではないでしょうか。

言いたいことを言わないでいると、ストレスがたまる。だから、自分の外に吐き出したほうがいい。つまり、ストレートに口にしたほうがいい、と解釈しているとしたら、間違いもいいところです。

たしかに、不満やグチはじっと抱えているよりは、吐き出してしまったほうがいい。これは精神的な自己防衛メカニズムとしても知られています。カウンセリングというのはそのメカニズムを助ける心理療法のひとつとも言えます。

しかし、一般的には、カウンセラーのようなプロではなく、親しい友などにグチをこぼしたり、めんめんと悩みを訴えている人が多いのです。親しい友がグチを口にし始めると、「グチを聞いてあげるのも、私の役割」と黙って耳を貸すことがありますが、そのうちに、聞いているほうの気持ちまでつらくなってきます。

兼好はそのあたりもちゃんと心得ていたようで、正確に言えば、以下のように書いているのです。『徒然草』第十九段にはこうあります。

「おぼしき事言はぬは、腹ふくるるわざなれば、筆にまかせつつ、あぢきなきすさびにて、かつ破《や》り捨《す》つべき物なれば、人の見るべきにもあらず」

兼好は、「おぼしき事」を人に向かって吐き出せと言っているわけではなく、「筆にまかせて書き、書いたら破り捨てれば人の目にはふれない」と語っています。思ったことは書き出し、いったん外に出す、こうして腹がふくれないようにするというわけです。

兼好にならって、私は、老いの気配を感じる頃からは、日記を心の友とする生き方がいいと考えています。日記といっても、毎日、長文の記録を残そうなどと重く受け止める必要はありません。

一日を振り返り、手帳に数行程度、簡単に書きつづる。夏休みの宿題ではないのだから、毎日書かなければならないわけではなく、気が向いた日だけ書くのでもいいでしょう。

ブログをつづり、インターネットに開示している人がいるかもしれませんが、「人の見るべきものにあらず」の日記のほうが、「おぼしき事」を正直に吐き出せるでしょう。

グチ、怒り、ときにはうらみ、そねみなど、心に浮かべるべきことではない感情が浮かんでしまう日もあります。反対に、妙に心が浮き立ち、「我ながらはしゃぎすぎだなあ」と思うようなこともあります。日記なら、それらをだれにも遠慮せずに吐き出せるのです。

どこかで人生のカウントダウンが始まった、そんな感じを持つようになったら、書き出すことによって諸々の感情を吐き出し、毎日、心を空《から》っぽにする。こうした習慣を持ち、腹ふくるることのない日々を重ねていきましょう。

老いる時節には老いるがよく候《そうろう》

アンチエイジングという言葉が「前向きに生きる」姿勢と同義語のようにもてはやされています。そうでなくても、最近は見た目も姿勢も本当に若々しくなり、少し前の「老人像」とはほど遠い高齢者ばかり。栄養状態もライフスタイルも、大いに改善されたからでしょう。

若々しくありたいという気持ちは大切です。しかし、その心根の底に「若さへのこだわり」がありすぎないでしょうか。そのあたりがちょっと気になります。

アンチエイジングという言葉に、老いの全面否定を感じてしまうのです。

「とし守夜《もるよ》 老《おい》はたふとく見られたり」(大晦日《おおみそか》、一家で夜通し起きているときは、老人が尊敬の目で見られる)

江戸中期の俳人・与謝蕪村《よさぶそん》の句です。

江戸時代には、年寄りは人生の豊富な経験を持つ人として、それなりの存在感があり、若い世代も年長者には十分な敬意を払っていました。

最近は、恐ろしいほどのスピードで物事が移り変わります。「昔の知識や技術など何の役にも立たないよ」とばかり、高齢者を軽んじたりします。いや、疎《うと》んじる傾向さえあることは、なんとも受け入れがたいところです。

若さにこだわる人がいる一方で、「もう年だから、使いものにならない」と自分を笑うような言い方をしたり、「いまさらオレの出る幕ではないよ」などと尻込みする人もいますが、これもいただけません。

百歩譲って、知識や技術にズレがあったとしても、全体を見わたして状況判断をする知力、ここぞというタイミングが来るまでじっと耐える胆力など、高齢者が身につけているものは、一朝一夕《いっちょういっせき》では培《つちか》えないものばかりだと胸を張りたいものです。

老いは、人の一生にも社会にも必要なものという見識を持つべきではないでしょうか。若さを保つことにも意味はあるかもしれませんが、静かに老いを深めていく姿にも、それなりの意味があると感じとりたいと思います。

「死ぬ時節には死ぬがよく候《そうろう》」

これは良寛《りょうかん》の有名な言葉です。これをもじってみれば、「老いる時節には老いるがよく候」ということになるでしょう。

生涯現役とばかり、いつまでも若やぎ、元気を保つ生き方も悪くはありません。しかし、老いを受け入れる潔《いさぎよ》い姿にも静かな感動を覚えることがあります。年齢とともに少しずつ前列から引くが、でも舞台からは去らず、後進の働きを見守る。必要であれば、自分の経験から得た何がしかの助力をする。華々しくはないが、その存在がなくてはならないような年のとり方ができたらすばらしいものです。

「一期一会《いちごいちえ》」の心で生きていく

改めて説明するまでもないでしょうが、「一期一会《いちごいちえ》」というのは、「いまの機会は一生に一度のものと心得て、できる限りの最高のおもてなしをしよう」という言葉です。

茶をよくしたことで知られる幕末の大老・井伊直弼《いいなおすけ》が書いた『茶湯《ちゃのゆ》一会集』の

巻頭に「一期一会」と記し、ここから世に広まったのだそうです。

人生に、たしかな明日はありません。またの機会があるという保証もありません。一期一会は、だれの人生にも、そしてどの世代にも通じる言葉です。しかし、とりわけ人生の折り返し点を回り、ゴールのほうが近い年齢になると、この言葉がしみじみと身にしみるようになってきます。

桜の季節に桜を見れば、ふと「あと何回、桜を見ることができるだろう」などと考え、もみじを見れば、また同様の思いにひたります。

もちろん、寿命は延び続けており、まだまだ先は長いという思いがあるのもまた事実。しかし、「年年歳歳、花相似たり。歳歳年年、人同じからず」と劉廷芝《りゅうていし》（希夷《きい》。初唐の詩人）も詠《うた》っています。「花々は毎年生まれ変わり、変わらない姿を見せる。人は毎年、年をとり、年とともに見る人が変わっていく（人が死んでいくから、という意味合い）」というわけです。いずれにしても、いま受けている感動はいまだけのもの、ということになるでしょう。

そのときどきの興味や感動を最高のものとして、心ゆくまで味わいつくす。ある年齢に至ったら、そうした姿勢で生きていきたいものです。

いま、口に含む茶の一杯。夕食の食卓、夕食を終えたあと、配偶者とすごす静かなひととき。何もかもが「一期一会」なのです。

一日一日をムダにするなというと、ちょっと肩が凝《こ》ります。もっと気を楽に、一日一日を心地よくすごすことを心がけましょう。夜、休むとき、「今日も悪くはない一日だった」と心底思える、そんなふうにすごしていきたいですね。

余白を楽しむ

宗教学者の山折哲雄《やまおりてつお》さんが、ある雑誌に、暮らしの心得について書いておられました。90代に手が届こうかという年齢の山折さんが提案する老いの心得のひとつは、「人に会いすぎない」ことだそうです。

だれにも身に覚えがあると思いますが、人に会えば気持ちが高揚します。もちろん、元気なエネルギーを得るという意味合いは小さくありませんが、ときにはそのエネルギーが高揚しすぎ、しなくてもいい噂話《うわさばなし》に花を咲かせたり、人を羨《うらや》んだりなど、心が乱れることも多いでしょう。

だからといって、ひきこもって暮らせばいいというわけではありません。「人に会いすぎない」ことで肝心なのは、「すぎない」ことを自分に課している点だと思います。

老いを意識する年代は、エネルギーの総量に限界を感じるようになる頃とも言えます。限られたエネルギーを大事に使うためには、できるだけ余白をつくっておくといいのではないでしょうか。

具体的には、予定表はびっしり埋《う》めつくさないこと。たとえば、週に1日、2日は何の予定もない日をキープしておく。そんな日は時間に追われることなく、自分と向き合ってすごしたり、飼いネコの背中をなでながら、ぼんやり過ごしたりするのがいいでしょう。

「忙殺」という言葉があります。現役中の忙しい日々は自分を見つめる時間などとれず、自分をいきいきとさせる生き方は難しかったはずです。今日はこれ、明日はあれと予定がびっしり。高齢になっても、多忙がいきいきとしていることと勘違いしている人も少なくありません。

しかし、予定も六分目ぐらいにして、自分とゆっくり向き合う時間を残しておく。そんなことができるのは、余白の時間をもてるようになった老後の特権なのです。

「大かたよろづのしわざはやめて、暇《いとま》あるこそ、目安くあらまほしけれ。世俗の事に携はりて、生涯を暮すは、下愚《かぐ》の人なり」

これは、前にも登場させた『徒然草』の第百五十一段のくだりです。

「年をとったら、暇があるほうが傍目《はため》にも望ましい。いつまでも世の中で立ち働くだけで生涯を暮らすのは愚かな生き方だ」というような意味でしょうか。かみしめたい言葉のひとつですね。

山折さんに教えられる点は、もうひとつあります。この心得を、「できるだけ守りたいと思っている」という程度のシバリにしている点です。

「心得だから、いつもきちんとそれを守っている、というよりも、なんとか守りたいと願っている」

仕事上の契約や約束ではありませんから、自分との約束はこの程度のゆるさを残しておくのがいいのではないでしょうか。そのゆるみのおかげで、ゆとりが生まれます。

このゆとりこそ、「老い力」とでも言うべきではないでしょうか。人生を熟成させているかどうかが試されるのは、余白をどう楽しんでいるか、だと思います。

大欲《たいよく》に生きる

医療ビジネスを展開する会社を訪れたことがあったのですが、通された社長室に「大欲《たいよく》に生きる」という額が掲《かか》げてありました。株式会社なのだから、利益を最大限追求するというようなことかと思いましたが、社長室に掲げる言葉としてはいささか生々しすぎます。そこで、その意味するところを伺《うかが》ったところ、「大欲に生きる」とは、真言宗で尊ばれる『理趣経《りしゅきょう》』という経典《きょうてん》にある言葉とのことでした。

人間はもともと欲求の固まりのような存在だ。欲があるから、成長し、進化もするのだと言えるし、欲があるから争いが絶えないのだとも言える。よくも悪くも、欲に左右されて生きている。それが人間という生き物。だから、その欲を捨てろというのは無理がある。そこで、逆転の発想と言うべきか、いっそ思いきり欲に徹せよ、と説いているのです。欲をどんどんふくらませていけというのです。

その社長は、たとえば社員に、「欲望を100個、書き出すように」と指示するそうです。
①もっと給料が欲しい、②かわいい彼女が欲しい、③マイホームが欲しい……。だれでも、最初はどうしても自分起点の欲を書いていくとのことです。
ところが、100個も書き出そうとすると、自分起点の欲だけでは限界に達する。その先は、まわりの人にこうなってほしい、こうしてほしいという欲になり、さらに広げていくと、社会がよくなってほしい、地球上の人々すべてが幸せになってほしいと欲望が大きく羽ばたいていくそうです。

その結果、社会のため、地球のために貢献できる生き方を志向するようになる。それが「大欲に生きる」という言葉の真髄《しんずい》なのです。

大欲と言えるかどうかはわかりませんが、私は、子どもを一人前にするという責任を終えたあとの人生、老後は「社会に役立つ」生き方に目を向けるべきではないかと思っています。自分のためだけに生きる日々は、どこか虚《むな》しいからです。

社会のためになる生き方といっても、社会貢献事業をしろというような大げさなことでなくていいのです。たとえば、禅《ぜん》に「折水《せっすい》」と呼ばれる作法があります。食事が終わったあと、食器は流しで洗わず、最後に器にお湯を注《そそ》ぎ、一切れ残しておいたタクワンでぬぐうのです。洗ったお湯は少し残して、折水器と呼ばれる桶《おけ》に捨て、残した少量は飲み干す決まりです。折水器のお湯はあとで樹木の根元にかけ、樹木の成長の糧《かて》にします。

これも立派に社会のためになることでしょう。

年末などに、年金から手にする小遣《こづか》いのほんの一部を、世界の恵まれない子どものために寄付する。はがきなどはそうした団体のものを買うようにする。コンビニなどでもらうお釣りの小額コインは、レジの寄付箱に入れると決めておく。

ささやかな社会貢献ですが、それでも心は充たされるでしょう。

情けは人のためならず、といいます。また、「はね返りの法則」というのを聞いたことがあります。人のためにしたことは、必ず自分に返ってくるという。年齢を重ねてくると、こうしたことが自然に信じられるようになるから不思議です。

ありがとうの達人になる

身辺の大整理をしたり、これまでの人生を顧《かえり》みたりしていると、ささやかな我が人生も、多くの人に支えられ、助けられて成り立ってきたのかと、いまさらのように驚かされます。しみじみ、ありがたいと感謝が込み上げてくるのも、いいあんばいに年をとってきたおかげではないでしょうか。

若いときには、「自分ががんばったからだ」と、全部自分の手柄のような気がして、どこかふんぞり返っていたものでした。

しかし、そうした突っ張りの名残りはまだどこかに残っているから、思いほどは感謝の言葉を口にできないのが人間です。あるいは、うまく言葉に表せないのですが、そんな人は、今日の今日から「ありがとう」と声に出すように心がけてみましょう。人生の最後に光芒《こうぼう》を発する人というのは、「ありがとう」の言葉を上手に表せた人だと思うからです。

斎藤茂太《しげた》さんは、精神科医としても、たくさんのエッセイ本を出されたことでも、大先輩にあたる人です。茂太さんのお書きになったものを拝読すると、その母上・輝子《てるこ》さんは、明朗闊達《かったつ》、直情径行《ちょくじょうけいこう》、さまざまな意味で大変な女性だったようです。日本を代表するような大病院の令嬢として生まれ、文化勲章を授与されるほどの歌人だった斎藤茂吉《もきち》を夫とし、茂太さんはじめ子どもを育てながら、生涯、自分がしたいように自由奔放《ほんぽう》に生き抜いたといいます。

こう言いますと、ポジティブな評価のように聞こえるかもしれませんが、少なくともまわりの家族は輝子さんに振り回されっぱなし。冗談にしても、茂太さんは一度、日記に「1億円出すから、この母と一緒に暮らす人を募集したい」と書いたことがあったというのですから、その大変さがうかがわれます。

輝子さんは日ごろ、「ありがとう」という殊勝な言葉を口に出すような人ではありませんでした。しかし、その死後、別荘にあったゲストブックには、こんなふうに書いてあったそうです。

「わがままな私を、茂太、美智子はじめ、宗吉・喜美子、家族一同大切にしてくれてありがとう。感謝の念で一杯です。一同、幸福の一生を祈ります。一人子の由香もとくに」

美智子は茂太さんの妻。宗吉は茂太さんの弟で、芥川賞作家の北杜夫《きたもりお》さん。喜美子はその夫人。由香はそのお嬢さんの斎藤由香さんで、現在はエッセイストとして活躍されています。

長いあいだ、輝子さんのわがまま放題に対して内心穏やかでない日々もあったと思いますが、この「ありがとう」で、輝子さんのイメージは好感度満点に塗《ぬ》り替わってしまったのですから、見事なもの。「ありがとう」は、このように一発逆転の威力さえ秘めた、魔法の力のある言葉なのです。

ここまで見事なサプライズ効果のある「ありがとう」ならば、日々、頻繁《ひんぱん》に口に出しましょう。「いい年をして、いちいち言うまでもないだろう。心の中では手を合わせているよ」と言う人もいるかもしれませんが、それは傲慢《ごうまん》すぎないでしょうか。

心の思いは、口に出してこそ伝わるものです。しかも、出し惜しみすることなく口に出せば出すほど、相手の中にも、あなたに対する「ありがとう」の心が湧いてきます、そんな波及効果がある言葉なのです。

「ありがとう」という言葉を口にする日々を重ねていると、しだいに、この世のものすべてに、しみじみと感謝できるようになってきます。

一瞬一瞬の感謝の積み重ねを実感できるようになれば、静かでシンプルな暮らしが心身により添ってきます。こうした境地に至れば、生きることも、さらに死ぬことさえも「ありがたいこと」と思えてきて、日々は心穏やかに過ぎていくでしょう。

そんな日々こそが、これからの人生にはいちばんふさわしいと思えてなりません。

一日一日を機嫌よく生きていく

朝いちばんに、冷蔵庫からミネラルウォーターのボトルを取り出して飲むと、冷たい水が体のすみずみまでしみわたっていく感じがあり、一瞬、「ああ幸せだ」と言葉に出したい気持ちになります。そして、その日はきっといい一日になるだろうと、根拠のない確信までがこみ上げてきます。

いや、もっと小さなありふれた幸せだってあります。そろそろ80に手が届こうかという先輩医師は、「朝、気持ちよく小水《しょうすい》が出ると、それだけで幸せだと思える」と語っています。

そう、幸福感とは、このように根拠がないものです。根拠なんかなくても幸せは実感できます。それが、幸福の本質と言えないでしょうか。

早い話、機嫌がよければ、少々思惑どおりでないことも気にならず、反対に機嫌が悪ければ、なんでもないことにまでむくれたりします。人はこれほどまでに、「感情の動物」なのです。だったら、その感情を自分に都合のいいようにコントロールすればいいのではないでしょうか。

感情のコントロールなどというと高等技術のように思えるかもしれませんが、人間は呆《あき》れるほど単純な生き物ですから、感情を自分の望む方向に持っていくことなど、ちっとも難しくはありません。朝、最初に思うことを「いいこと」にする。

それだけで、一日を気分よく始められ、その結果、その一日は幸せになれるのです。

１杯の水を心の底からうまいと思うのでもいいし、起きてすぐ目に飛び込んできた窓外の光景を「ああ、今日もいい一日になりそうだ」と思うのでもいい。

晴れていれば「いいお日和《ひより》だ」とお天道様に感謝し、雨模様なら「そろそろ雨が降ってほしいと思っていたところ。庭の草木が喜んでいるにちがいない」と思う。視界に映る木がやわらかに芽吹いてくれれば、春が近いと幸せを感じるし、花が開けば、それだけで小さく飛び上がりたくなることさえある。

朝いちばんだけでもいいから、そんなふうに、なんでも「いい面」からとらえるようにしてみましょう。それだけで、かなり機嫌よく一日をスタートできると確言していいと思います。

『オイディプス王』などの悲劇を書いたギリシャの劇作家ソフォクレスは、こんな言葉を残しています。

「老人ほど人生を愛するものはなし」

一日一日を幸せに生きるすべを心得て、生きることを愛していく。たとえ手に何もなくても、こんな単純なことでそれができるのも、老いが視野に入ってくる頃からでしょう。

考えてみれば、老いの日とはなんと幸福な日々でしょうか。心を簡素に、シンプルにすることが、その幸福をいっそう心にしみ通りやすくしていくようになります。年齢を重ねるごとに、ひとつひとつ余分なものをそぎ落とし、より身軽にシンプルに生きていきましょう。

老い上手とは、それを自然に進めていける人を言うのだと思います。

【参考資料一覧】

『日本人なら身につけたい江戸の「粋」』(植月真澄／河出書房新社)
『ようこそ断捨離へ』(やましたひでこ／宝島社)
『断捨離のすすめ』(川畑のぶこ著／やましたひでこ監修／同文舘出版)
『断捨離　私らしい生き方のすすめ』(川畑のぶこ／同文舘出版)
『忘却の整理学』(外山滋比古／筑摩書房)
『モノとわかれる! 生き方の整理整頓』(大塚敦子／岩波書店)
『遺品整理屋は聞いた! 遺品が語る真実』(吉田太一／青春出版社)
『少ないモノでゆたかに暮らす』(大原照子／大和書房)
『「持たない!」生き方』(米山公啓／大和書房)
『老年の良識』(中野孝次／海竜社)

【著者略歴】

保坂 隆（ほさか・たかし）

保坂サイコオンコロジー・クリニック院長。聖路加国際病院・診療教育アドバイザー。1952年、山梨県生まれ。慶應義塾大学医学部卒業後、同大学精神神経科入局。1990年より2年間、米国カリフォルニア大学へ留学。東海大学医学部教授、聖路加看護大学臨床教授、聖路加国際病院精神腫瘍科部長、リエゾンセンター長などを経て、保坂サイコオンコロジー・クリニックを開業。著書等に、『精神科医が教える「がんばらない老後」のすすめ』『老いの手本』『小さいことにクヨクヨしない方法124』（以上、廣済堂出版）、『老後のイライラを捨てる技術』（PHP研究所）、『頭がいい人、悪い人の老後習慣』（朝日新聞出版）、『50歳から人生を楽しむ人がしていること』（三笠書房）、『精神科医が教える 50歳からの人生を楽しむ老後術』（大和書房）、『精神科医が教える ちょこっとずぼら老後のすすめ』（海竜社）、『敏感すぎる自分の処方箋』（ナツメ社）など多数。

デザイン：二宮貴子（jam succa）
イラスト協力：イラストAC
DTP：三協美術
制作協力：幸運社
編集協力：矢島規男　根本明　松本恵
編集：岩崎隆宏

＊本書は、2011年4月に朝日新聞出版から刊行された
『人生の整理術　老いをスッキリ愉しむ秘訣』をもとに、加筆・修正、再構成したものです。
文中に登場する体験エピソードは、同書での時期表記のまま掲載しています。
人物名はプライバシー等に配慮し、すべて仮名となっています。

精神科医が教える
老後の人生スッキリ整理術

2019年5月15日　第1版第1刷

著　者　保坂 隆
発行者　後藤高志
発行所　株式会社 廣済堂出版
〒101-0052　東京都千代田区神田小川町2-3-13 M&Cビル7F
電話　03-6703-0964（編集）
03-6703-0962（販売）
FAX　03-6703-0963（販売）
振替　00180-0-164137
URL　http://www.kosaido-pub.co.jp

印刷所
製本所　株式会社 廣済堂

ISBN978-4-331-52234-9　C0095